Elie Wiesel

Was die Tore des Himmels öffnet

Elie Wiesel

Was die Tore des Himmels öffnet

Geschichten chassidischer Meister

Mit einem Vorwort von Salcia Landmann
und einem Nachwort von Jakob J. Petuchowski

Herder Freiburg · Basel · Wien

Aus dem Englischen übersetzt von
ELISABETH HANK

Titel der Originalausgabe:
*Four Hasidic Masters
and Their Struggle
against Melancholy*
© Elie Wiesel 1978
University of Notre Dame Press
Notre Dame · London

Alle Rechte vorbehalten – Printed in Germany
Für die deutsche Ausgabe:
© Verlag Herder Freiburg im Breisgau 1981
Herstellung: Freiburger Graphische Betriebe 1981
ISBN 3-451-19114-8

Inhalt

Vorwort 6

Einleitung 13

Gottes Sprache ist der Mensch:
Rebbe Pinchas von Koretz 17

Ein zorniges Feuer der Hoffnung:
Rebbe Baruch von Międžyborž 42

Mitreißender Traum der Verwandlung:
Der Heilige Seher von Lublin 71

Die Freude öffnet die Tore des Himmels:
Rebbe Naphtali von Ropschitz 104

Nachwort 127

Glossar 132

Synchronologie 140

Vorwort

Daß Martin Buber dem deutschsprachigen Leser die mystische volkstümliche Bewegung der Ostjuden, den Chassidismus, erschloß, bleibt sein Verdienst. Durch Dreierlei ist es allerdings eingeschränkt. Buber hat zwar seine Kindheit im ostgalizischen Lemberg (heute Lwow, Ukraine), also inmitten des intensivsten Wirkungsbereichs des Chassidismus, verbracht. Er lebte aber bei seinem Großvater Salomon Buber, einem hochgelehrten, nüchtern-rationalen Talmudkommentator, der seinerseits keineswegs mystisch entflammt war. Des Enkels Berührung mit dem Chassidismus blieb dort rein äußerlich. So konnte oder wollte er auch nicht sehen, daß der Chassidismus, wie jede naive Armeleutemystik, neben erhabenen und erschütternden auch rohe und primitive Züge barg. Buber präsentiert von der chassidischen Bewegung ein allzu geglättetes, idyllisches Bild.

Und zudem schrieb er seine Bücher vorwiegend in den zwanziger Jahren, also vor der Vernichtung der ostjüdischen Gemeinschaft durch die Nazis. So konnte er auch nicht erkennen, in welchem Ausmaß gerade die größten und lautersten der Zaddikim, der „Wunderrabbis", das schreckliche Ende der ostjüdischen Gemeinschaft vorausahnten, wie sehr diese charismatischen Führer, eben ihres prophetischen Wissens wegen, zeitweise von Trauer und Verzweiflung erfüllt waren.

Kein Wunder daher, daß die Berichte Elie Wiesels, der

ganz in der chassidischen Welt beheimatet war und das Sterben ganzer chassidischer Gemeinden in Auschwitz selber miterlebte, weit intensiver ans Herz greifen als jene Bubers, stärker sogar als die jiddischen Niederschriften der chassidischen Chronisten selbst, auf die sich Buber stützt. Wiesel schöpft zugleich auch aus der unmittelbaren mündlichen Mitteilung. Denn Mutter wie Großvater waren leidenschaftliche Chassidim, die dem Knaben von klein auf chassidische Legenden erzählten und selber in ihnen und aus ihnen heraus lebten.

Und Chassidim waren es auch, die der Knabe noch im Deportationszug nach Auschwitz freudig tanzen und singen sah. Denn auf diesen Tag fiel das Fest der Torahfreude, und sie zelebrierten es hier genauso wie zuvor Jahr für Jahr bei sich daheim. Der nahe Tod, den sie zwar, anders als lange zuvor schon etliche ihrer Lehrer und Meister, selbst in diesem Augenblick noch nicht mit Sicherheit vorauswußten, mit dem sie aber doch alle rechneten, hatte für sie seine Schrecken verloren.

In Auschwitz selbst lehrten sie den Knaben chassidische Lieder und Tänze ekstatischer Gottesfreude. Und sie waren auch die einzigen, die sogar in der unmittelbaren Erwartung des qualvollen Endes in der Gaskammer nicht von schwärzester Verzweiflung befallen wurden. Sie betraten den Todesraum furchtlos, mit dem Maimonideslied auf den Lippen: „Ich glaube, obwohl der Messias zögert zu kommen..." Die 13 Glaubenssätze des großen mittelalterlichen spanisch-jüdischen Philosophen und Talmudkommentators Mosche ben Maimon, gräzisiert Maimonides genannt, rezitieren zwar auch alle andern frommen Juden täglich, also nicht nur die Chassidim. Und natürlich glauben auch die andern frommen Juden daran, daß der Messias eines Tages erscheinen, die Welt erlösen und alle Juden – die dann Lebenden ebenso wie die auferstandenen Toten – nach Jerusalem einsammeln wird. Ohne diesen dem biblisch-prophetischen Schrifttum entnommenen Glauben hätten die Juden ja niemals all die Schrecken des Exils durchgestanden, wären sie längst in den andern Völkern aufgegangen. Zusätzlich gewannen sie Widerstandskraft aus dem talmudischen Glauben, wonach dem Kommen des Messias schreckliche und qualvolle Zeiten vorangehen müßten, die „*chewlej-maschiach*", die Messiaswehen. Aber mit ähnlicher Intensität erlebten zumindest in der Neuzeit nur noch die Chassidim die Messiaserwartung. Sie war ihnen nicht nur Lebens-, sondern in den dunkelsten Stunden der jüdischen Geschichte auch Sterbenshilfe.

Andererseits waren sie auch die einzigen, denen die im gemeinsamen ekstatischen Tanz, Gesang und Gebet erlebte unmittelbare Nähe und Vertrautheit zu Gott auch den Mut und die Möglichkeit gab, beim Anblick dieser unermeßlichen Leiden, die Gottes „auserwähltem Volk" hier auferlegt wurden, nicht etwa zu Agnostikern und Atheisten zu werden, sondern sich mit Gott auseinanderzusetzen, ihn zur Rechenschaft zu ziehen. Wiesel erzählt in einem seiner Bücher von etlichen Chassidim in Auschwitz, die zu einem regelrechten Gerichtshof gegen Gott zusammentraten – und ihn schuldig sprachen.

Denn es gibt zwar – und auch der Talmud bestätigt es – die menschliche Willensfreiheit, die einzige Grenze für Gottes Allmacht: Gott wäre demnach für alles, was Menschen sich gegenseitig antun, entschuldigt. Und nimmt man die These der unerläßlichen „Messiaswehen" hinzu mit dem dazugehörigen Glauben an die Auferstehung und „Wiedergutmachung" nach dem Tode, erinnert man sich ferner daran, daß obendrein – ebenfalls nach dem Talmud – „*kol Jissraejl arejwim se lase*", das heißt ganz Israel einer für den andern bürgt und also für anderer Sünden mit bestraft werden kann, und daß im Talmud auch noch die Vermutung geäußert wird, alle Qualen des Exils seien eine solche kollektive Bestrafung für die Sünden einzelner aus dem Volke Israel – sieht man das alles, dann bleibt, rein logisch, für eine Schuld und Verantwortung Gottes an den Greueln in der unerlösten Welt nicht viel Raum.

Trotzdem gibt es ein Ausmaß an Leiden, an dem gemessen solche Erklärung und die postume, jenseitige oder endzeitliche Genugtuung für alle unschuldig zu Tode Gemarterten keinen sinnvollen Ausgleich mehr bilden. Und selbst wenn solche Annahmen und Glaubenssätze dem frommen Erwachsenen das gefaßte und würdige Hinnehmen seines furchtbaren Schicksals erleichterten: es blieb doch die Tatsache, daß in den Vernichtungslagern der Nazis auch eine Million jüdischer Kinder das Martyrium durchlitten hat. Ihren Qualen gegenüber versagt jeder Versuch einer sinnvollen Erklärung.

Mochte Gott unschuldig sein. Daß er jetzt schwieg, sein Antlitz verbarg und das Ungeheuerliche ungehindert geschehen ließ, machte ihn auch und gerade in den Augen und Herzen dieser seiner feurigsten und treuesten Diener mitschuldig an allem, was geschah...

Es ist nötig, sich ins Gedächtnis zu rufen, wann und warum der Chassidismus überhaupt entstanden war. Er entflammte im 18. Jahrhundert in Ostgalizien nach den furchtbaren Judenpogromen des Kosakenhetmans Bogdan Chmjelnizkij, in denen über zweihundert blühende ostjüdische Gemeinden untergingen, Verfolgungen, von denen sich die ostjüdische Gemeinschaft nie mehr erholt hat. Weiter westlich brach zur gleichen Zeit die Aufklärung an – die Ostjuden aber vegetierten verarmt, verschreckt, verschüchtert und vereinsamt, schutz- und mutlos dahin. Sie waren durch die Massaker auch weitgehend ihrer talmudgelehrten Führungsschicht beraubt, die ihnen bisher die Lebensdirektiven vermittelt hatte. Aber Talmudgelehrtheit allein konnte derart Verzweifelten ohnehin nicht mehr weiterhelfen.

Da erhoben sich unter ihnen Männer als Führungsgestalten. Der erste war Israel ben Elieser, genannt der *Baal Schem Tow*, abgekürzt Bescht, das heißt der Meister des „guten Namens" – des geheimen Gottesnamens nämlich, mit dem man zaubern kann. Es waren Männer, die sich der Unglücklichen annahmen, die sie lehrten, aus ihrer traurigen Vereinzelung herauszubrechen, sich zu Freundeskreisen zusammenzuschließen, sich in gemeinsamem ekstatischem Tanz und Gesang der Gottesnähe freudig bewußt zu werden, sich Gott in innigem, mystischem Erleben zu nähern.

Schon früher hatten sich die Juden in Notzeiten in die Mystik gerettet. Im 13. Jahrhundert, während der für die Juden tödlichen spanischen Inquisition, war die spanisch-jüdische Mystik der Kabbala entstanden. Sie aber setzte ungeheure Gelehrtheit voraus, beruhte auf unendlich komplizierten Reflexionen und Vorstellungen, forderte zudem von ihren Adepten als Vorbereitung mystischer Meditation und Erleuchtung strenges Fasten, Selbstkasteiung, Einsamkeit. Mit solchen Theorien und vor allem Praktiken war den ungebildeten, halbverhungerten ostjüdischen Dörflern natürlich nicht gedient. Sie brauchten seelischen Rückhalt bei jemandem, um den sie sich scharen, dem sie vertrauen, dem sie ihre Klagen und Nöte vortragen konnten und der ihnen half – sei es dadurch, daß er ihnen durch die freudige neue Gemeinschaft neuen Mut einflößte, sei es, daß er für sie Wunder vollbrachte, genau so, wie seinerzeit auch Jesus den Armen und Verzweifelten durch Wunder geholfen hatte. Wie denn überhaupt die größten der chassidischen Zaddikim mit Jesus vieles gemeinsam haben. Auch er heilte Kranke und

Wahnsinnige und erweckte solche zum Leben, die tot darniederlagen. Auch von ihm wird berichtet, er sei trokkenen Fußes über das Wasser geschritten. Auch er vervielfachte durch Wunder das allzu spärliche Festmahl der Armen, genau wie die Wunderrabbis – die Armen unter ihnen (es gab später auch sehr reiche) dem unerwarteten Sabbatgast zuliebe das unzureichende Sabbatmahl vermehrten. Haben die Wunderrabbis in Podolien wirklich durch „weiße Magie" Lebensmittel „herbeigezaubert"? Oder war es einfach so, daß dank ihrer Präsenz und gütigen Zusprache in dem freudig erregten Kreis der Jünger und Freunde jetzt mit einemmal ein Stücklein Brotkruste genügte, um den Hunger zu stillen? Wir wissen es nicht. Und es spielt letztlich auch keine Rolle. Denn dies wissen wir: daß sie den Unglücklichen halfen...

Aus genau dem gleichen Grunde, aus demselben Mitleid heraus, lehnten wiederum andere Zaddikim das Wunderwirken ab. Das Elend ringsum war zu furchtbar und zu aussichtslos, als daß es ihnen sinnvoll erschienen wäre, da und dort auf diese übernatürliche Weise abzuhelfen. Das blieb ja ein Tropfen auf den heißen Stein, erreichte zudem nur wenige, einzelne. Ihre Jünger mußten lernen, aus anderer Quelle Kraft zu schöpfen. In der freudig erregten, leidenschaftlich betenden, singenden, tanzenden Männergemeinschaft mußten sie neuen Lebensmut gewinnen. Und in einem gewissen Grade bewährte sich das – wie wir sahen, sogar noch im Anblick der Krematorien von Auschwitz, Majdanek und Belsez...

Es half letztlich allen, außer den Zaddikim selbst. Zu viele von ihnen verfielen in ihren letzten Monaten oder sogar Jahren in tiefe schwarze Schwermut, Trauer, Isolation. Sie konnten den andern helfen, aber nicht sich selbst. Sie sahen zuviel Leid, gegen das sie allzuwenig ausrichten konnten. Sie begriffen weit klarer als ihre armen, naiven

Adepten, in welcher Verlorenheit, Aussichtslosigkeit, Verlassenheit die ostjüdische Gemeinschaft inmitten der ihr feindlichen Völker gezwungen war, auszuharren. Sie sahen das drohende, schreckliche Ende voraus – und trotzdem kam der Messias nicht! Einige von ihnen taten sich zusammen, um sein Erscheinen durch mystische Spekulation und Beschwörung herbeizubeschwören. Doch alle drei starben sie kurz nach ihren Versuchen in ein und demselben Jahr. Vielleicht, weil sie begriffen, daß ihr Unterfangen vergeblich war. Den schrecklichsten Tod starb von ihnen der sogenannte „Seher von Lublin", ein gütiger und freundlicher Wundertäter, während eines Freudenfestes, zu welchem er die Freunde und Jünger von weither eingeladen hatte und von deren ekstatischem Tanz und Gesang er vielleicht doch noch erhoffte, was ihm und seinen Gefährten auf dem Wege mystischer und magischer Praktiken versagt geblieben war. Elie Wiesel berichtet von seinem unbegreiflichen Ende, von dem auch die chassidischen Chroniken nur behutsam und fragmentarisch erzählen...

Die chassidischen Meister, sie waren alle, wie Wiesel betont, keine Heiligen und keine vollkommenen Menschen. Sie konnten aber umgekehrt nur deshalb so vielen eine Stütze sein, weil sie aufgewühlter waren als die andern, fähiger, das Leid jener mit zu erleiden, die sich um sie scharten und ihnen vertrauten, an sie glaubten. Sich selbst jedoch konnten sie nicht helfen. Ihr ganzes Leben und vor allem ihr Sterben in trauriger Vereinsamung und Verzweiflung zeugt hiervon. Wiesels Bericht ist das ergreifende Dokument ihrer Menschlichkeit, einer Menschlichkeit, die uns noch heute bewegt.

Salcia Landmann

Einleitung

Die großen Meister, denen wir in den vorliegenden Geschichten begegnen, haben den Erzähler niemals stärker in ihren Bann geschlagen als in dem Moment, in dem er sie zögernd wieder verläßt.

Darin liegt die Macht ihrer Geschichten. Ihre eindringliche und mitreißende Schönheit begleitet den Zuhörer und verstrickt ihn schließlich. Eine chassidische Geschichte erzählt nicht nur von ihren Meistern. Noch mehr sogar besagt sie über den Chassidismus selbst. Und sie hat genausoviel mit denen zu tun, die sie neu erzählen, wie mit denen, die sie erfahren haben.

Wie kann man die Faszination, die sie für ihre Zeitgenossen hatten, heute verstehen? In ihrer Nähe zu Gott waren diese Meister zugleich denen nahe, die nach *Ihm* suchen. Ihre mystische Kraft verleitete sie nicht, sich von der Gemeinschaft zurückzuziehen, sondern diente eher dazu, diese noch tiefer auszuloten.

Inspiriert, wurden sie selber zu einer Quelle von Inspiration. Sie vermittelten Freude und Leidenschaft denen, die auf Freude und Leidenschaft angewiesen waren, um leben – um überleben zu können. In einer kalten und feindlichen Welt waren sie ein mächtiger Ruf: nach Hoffnung und Freundschaft.

Freundschaft. Das ist ein Schlüsselbegriff im chassidischen Wortschatz, *Dibbuk-chawerim* dem Mitschüler gegenüber ist genauso wichtig wie Emunat-Zaddikim: Vertrauen auf den Meister. Einem bestimmten Rebbe zu folgen, das bedeutet, zu dessen Schülern dazuzugehören. Ein einsamer Chassid, das ist kein wahrer Chassid. Einsamkeit und Chassidismus sind ein Widerspruch in sich. Was wäre denn die chassidische Bewegung in ihrem Ursprung gewesen, wenn nicht Protest gegen die Einsamkeit? Der Bauer reißt sich los von seinem Hof, von seinem Alltagselend und den dauernden Unsicherheiten, um die Hohen Feiertage oder einfach den Sabbat mit seinem Rebbe zu verbringen, nicht nur, um ihn zu hören, zu sehen, um mit ihm zusammenzusein, nein: auch, um die eigenen Freunde und Leidensgenossen zu treffen, um zusammen mit ihnen zu feiern, zu beten, zu träumen.

Und trotzdem... Während alle diese Meister den anderen Freude und eine ungekannte Begeisterung erschlossen, waren sie selbst angefochten von Melancholie und manchmal sogar von Verzweiflung:

Nicht einmal der Baal Schem Tow blieb davon verschont. Manchmal, gerade gegen Ende seines Lebens, schien er überwältigt zu sein und besiegt. Seinem Nachfolger, dem gefeierten Maggid von Mesritsch, erging es nicht anders. Und Rabbi Elimelech von Lisensk. Und Rebbe Nachman von Brazlaw.

Bei allen aber wird eine gemeinsame Anstrengung deutlich: den Schmerz mit Ausgelassenheit zu besiegen, die Verzweiflung mit Gebet zu überwinden. Resignation abzuwehren, indem sie ein größeres Licht anzündeten. Ein Feuer der Hoffnung auf Gott und seine Schöpfung.

Fürsprecher mehr denn Mittler (die jüdische Tradition lehnt die Vorstellung von Mittlern in der Beziehung zwischen Gott und Mensch ab), konnten die Meister sich oft nur hilflos fühlen: all die wache Erwartung, die Gebete, die Versprechen, all die Bitten – und der Messias kommt nicht; all das Leiden, all die Heimsuchung – und der Himmel bleibt verschlossen.

Und die göttliche Schechina ist noch immer im Exil. Und dem jüdischen Volk ergeht es nicht anders. Was soll einer denn da tun, um sich vom Untergang zu retten? Was kann er tun?

Rebbe Aaron von Karlin sagte: „Entweder Gott ist Gott, und ich tue nicht genug, ihm zu dienen, oder er ist es nicht – und dann ist es meine Schuld."

Das Exil und seine Dunkelheit – wem kann man die Schuld anlasten? Der Haß, die Qual, die Feinde. Wer ist anzuklagen? Hunger, Durst, Tod. Wie sollte einer dies akzeptieren können? Der Meister hört all die Leidensgeschichten, die seine Anhänger ihm erzählen. Und kann der Verzweiflung nicht entrinnen.

Aber er beherrscht sich selbst. Und indem er alle Hindernisse – Vernunftgründe, die augenscheinliche Wirklichkeit, jeden Zweifel, alle Ironie – überwindet, setzt er in sich selbst und in seinen Anhängern eine besondere Freude frei, die ihre Rechtfertigung erst im nachhinein erhält. Er schafft Freude, um nicht der Hoffnungslosigkeit weichen zu müssen. Er erzählt Geschichten, um so der Versuchung des Schweigens zu entkommen.

Wollte ich meine Bewunderung und Liebe für sie ausdrücken – ich würde mich wiederholen. Wiederholung aber gehört zur chassidischen Tradition. In der Schule von Brazlaw z. B. erzählen Schüler und deren Schüler die Geschichten von Rebbe Nachman tausendmal, und jedesmal entdecken sie eine neue Bedeutung, ein neues Wunder. Uns geht es nicht anders.

Während ich diese Geschichten wiedergebe, erkenne ich einmal mehr, daß ich ihnen viel schuldig bin. Ich habe, bewußt oder unbewußt, ein Lied, ein Echo, ein Wort von ihnen in meine eigenen Geschichten aufgenommen. Und immer noch bin ich – in einem Königreich, das untergegangen ist – ein Kind, das nichts lieber tut als zuzuhören.

Irgendwo habe ich einmal die Geschichte eines Mannes erzählt, der sich eines Tages in einer Zelle mit einem Verrückten wiederfindet. Nach einer Weile fühlt er, daß sein Verstand versagt. Er weiß, daß er ihn bald völlig verlieren wird. Wer dem Wahnsinn ausgesetzt ist, wird ihm erliegen. Und so fängt er, um nicht verrückt zu werden, damit an, seinen Zellennachbarn zu heilen. Ob sich der Held meiner Geschichte bewußt war, ob er wohl begriffen hätte, daß er damit genau den Spuren der chassidischen Meister folgte, die ich in diesem Buch nachzeichnen wollte?

Anfangs behauptete ich, der Erzähler würde die Meister verlassen. Man möge ihm das verzeihen: Es geht nicht. Selbst wenn er wollte, könnte er es nicht. Sicherlich würden sie es nicht zulassen, daß sie im Schatten seiner Erinnerung verblassen.

Mehr denn je sind wir, die Lebenden, darauf angewiesen, sie uns lebend vorzustellen.

Ich erzähle diese Geschichten im Andenken an meine Schwester Bea, die die chassidischen Ideale der Güte und des Verstehens am reinsten verkörperte.

Gottes Sprache ist der Mensch:
Rebbe Pinchas von Koretz

Die chassidische Überlieferung erzählt, wie ein Schüler zu Rebbe Pinchas kam, dessen Weisheit und Mitleid jeder kannte. „Hilf mir, Meister", sagte der Schüler, „ich brauche deinen Rat und deinen Beistand. Ich kann mein Leid nicht mehr ertragen. Nimm du es mir ab! Die Welt, die mich umgibt, ja selbst die Welt in mir ist voll Unordnung und Trauer. Die Menschen sind unmenschlich, das Leben ist nicht mehr heilig, die Wörter sind hohl – ohne Wahrheit und unglaubwürdig. Meine Zweifel sind so gewachsen, daß ich schon nicht mehr weiß, wer ich selber bin. Es kümmert mich nicht einmal mehr. Was soll ich bloß tun, Rebbe? Sag du mir, was ich tun soll?"

„Setz dich hin und lerne", sagte Rebbe Pinchas von Koretz. „Das ist das einzige Rezept, das ich kenne. Die Torah hat alle Antworten. Die Torah *ist* die Antwort."

„Weh mir", sagte der Schüler, „ich kann ja nicht einmal mehr lernen. Der Boden entgleitet mir unter den Füßen. Meine Unsicherheit beherrscht alles. Meine Seele findet keinen Halt, keine Sicherheit. Sie irrt rastlos umher, verirrt sich und läßt mich zurück. Ich schlage den Talmud auf und brüte über ihm, ziellos, endlos. Woche um Woche bleibe ich an dieselbe Seite, dasselbe Problem gefesselt. Ich kann nicht weitergehen, keinen Schritt, nicht einmal eine Zeile. Rebbe, was kann ich tun, um weiterzukommen?"

Wenn ein Jude keine Antwort weiß, fällt ihm zumindest eine Geschichte ein. So lud auch Pinchas von Koretz seinen

Besucher ein, näher zu kommen, und sagte mit einem Lächeln: „Du sollst wissen, mein junger Freund, daß genau das, was dir passiert, mir auch passiert ist. Als ich so alt war wie du, stolperte ich über dieselben Hindernisse. Auch mich trieben Fragen und Zweifel, Fragen nach dem Menschen und seinem Schicksal, nach dem Sinn dieser Schöpfung. Ich kämpfte gegen so dunkle Mächte, daß ich nicht weiterkam, ich drehte und wandte mich im Zweifel, in Verzweiflung eingekerkert. Ich versuchte es mit Studium, mit Gebet und Meditation. Vergeblich. Mit Reue, Schweigen, Einsamkeit. Aber alles war umsonst. Meine Zweifel blieben Zweifel, meine Fragen verloren nichts von ihrer Bedrohlichkeit. Es war mir unmöglich, weiterzugehen, und ich konnte mir keine Zukunft mehr vorstellen.

Eines Tages erfuhr ich, daß Rebbe Baal Schem Tow in unsre Stadt kommen wollte. Neugier führte mich zum *Schtibel,* wo der Rebbe seine Anhänger empfing. Als ich eintrat, beendete er gerade das *Amidah-*Gebet. Er drehte sich um – und sah mich. Ich war überzeugt, daß er mich sah, mich und niemand anderen. Aber so erging es jedem im Raum. Sein eindringlicher fester Blick überwältigte mich, und ich fühlte mich nicht mehr so allein. Und – so seltsam es war – ich konnte nach Hause gehen, den Talmud aufschlagen und mich erneut ins Lernen stürzen. Siehst du", sagte der Rebbe, „die Fragen blieben Fragen. Aber ich konnte sie wieder aufnehmen."

Die Moral von der Geschichte? Zum einen: Junge Leute sollten keine Angst vor Fragen haben, vorausgesetzt sie haben vorher gelernt und setzen das Lernen nachher fort.

Zum anderen: Es muß nicht sein, daß Zweifel alles zerstören, wenn sie einen nur zum Rebbe bringen.

Was versuchte Rebbe Pinchas von Koretz seinem jungen Besucher zu zeigen? Eines: Nicht aufgeben! Selbst wenn einige Fragen ohne Antwort sind, hör nicht auf, dich mit ihnen zu beschäftigen. Zweitens: Man darf nie denken, man sei allein und die eigene innere Not sei ausschließlich die eigene. Andere haben denselben Schmerz durchlitten und dieselben Ängste ausgestanden. Drittens: Man muß wissen, wohin und zu wem man blicken soll. Viertens: Gott ist überall, gerade im Leid, gerade in der Suche nach Glauben. Fünftens: Eine gute chassidische Geschichte erzählt nicht von Wundern, sondern von Freundschaft und Hoffnung, den größten Wundern überhaupt.

Eine Variante derselben Geschichte: Rebbe Pinchas hatte Angst, seine Zweifel würden seinen Glauben schwächen. Deshalb beschloß er, nach Międzyborż zu gehen, um dort Rebbe Israel Baal Schem Tow zu treffen, aber dieser besuchte gerade Koretz. Rebbe Pinchas lief zu dem Gasthaus, in dem der Baal Schem abgestiegen war. Er kam gerade dazu, als der Bescht seinen Anhängern eine Schriftstelle auslegte. Es war jene, in der Moses auf einem Hügel steht, die Arme zum Gebet erhoben, und so sein Volk stärkt, die Schlacht gegen die Amalekiter durchzuhalten. „Es kommt vor", sagte der Bescht, „daß ein Mensch sich bedrängt fühlt und sein Glaube ins Wanken kommt. Was soll dieser dann tun? Er wendet sich an Gott und betet; er bittet Gott, ihm zu helfen, den wahren Glauben wiederzufinden." Und Rebbe Pinchas verstand, daß Moses auch ihn gemeint hatte.

Er zählte zu den vertrautesten und den besonders beeindruckenden Gefährten des Bescht. Trotzdem trat er nie formell in die chassidische Bewegung ein.

Wie eine graue Eminenz blieb er hinter den Kulissen und beobachtete interessiert und nicht ohne Erheiterung, was sich da auf der Bühne tat.

Nach dem Tod des Gründers wollten die Anhänger der chassidischen Bewegung, daß Rebbe Pinchas wenigstens die Rolle des Vermittlers übernähme. Er sollte Schiedsrichter sein im Machtkampf zwischen den beiden Fraktionen, den beiden Systemen, die sich in den zwei Konkurrenten gegenüberstanden: in Rebbe Dow-Bär von Mesritsch und Rebbe Jaakow-Josseph von Polnoje. Aber Rebbe Pinchas weigerte sich, offen Partei zu ergreifen. Eigentlich wäre er selbst ein hervorragender Kandidat gewesen, die Nachfolge des Bescht anzutreten. Lehrer wie Schüler achteten und feierten ihn gleichermaßen. Alle wußten, wie der Bescht ihn geliebt hatte.

Einmal hatte man den Bescht gebeten, seine Meinung über seine Freunde zu äußern. Er fing an, als er aber zu Rebbe Pinchas kam, hielt er inne: Rebbe Pinchas war eine Ausnahme. Ihn bewunderte der berühmte „Großvater von Schpola" genauso wie der legendäre Reb Leib, Sohn der Sarah, der ihn „Herz der Welt" genannt hatte. Die Chassidim meinten, der Bescht habe seine Kenntnisse dem Maggid von Mesritsch hinterlassen, seine Heiligkeit Reb Michal von Slotschow und seine Weisheit Rebbe Pinchas von Koretz. Die chassidische Literatur nennt Rebbe Pinchas „den Weisen".

Zurückgezogen, zurückhaltend, bescheiden und ein wenig individualistisch, wie er war, lehnte er es ab, sich als Zaddik verehren zu lassen. Er hielt nicht Hof, verfocht keine unumstößliche Lehre, versprach keine Wunder, gründete keine Dynastie, schlug Ehrungen und Privilegien aus. Er hatte fünf Söhne, aber nur einen Schüler, Rebbe Raphael von Barschad, einen ehemaligen Synagogendiener und Totengräber, der erst durch ihn bekannt wurde. Als Rebbe Pinchas auf seiner Reise ins Heilige Land gestorben war, wurde dieser Schüler sein Nachfolger. An diesem Tag sah ein Zaddik die *verwitwete Schechina* an der Klagemauer in Jerusalem. Rebbe Pinchas: eine der menschlichsten, der gütigsten, der schönsten Figuren in der chassidischen Ahnenreihe.

Wer war er?

Wie bei den meisten seiner berühmten Zeitgenossen weiß man nicht viel über Rebbe Pinchas' Kindheit und Jugend.

1720 wurde er in Schklow in einer armen, rabbinischen Familie geboren, deren Vorfahren als Martyrer für ihren Glauben gestorben waren. Er studierte Talmud und Kabbala, zeigte aber gleichzeitig ein ungewöhnliches Interesse an Naturwissenschaften und Philosophie. Er sprach kaum von seinem Vater. Dagegen hat er sich häufig auf seinen Großvater bezogen, der auch Rebbe Pinchas hieß. Dieser war kreuz und quer durch Osteuropa gewandert und hatte überall Juden gesucht, die zum Christentum konvertiert waren, denn sein Lebenswerk sah er darin, sie wieder zur Herde zurückzubringen. Rebbe Pinchas heiratete jung und führte ein einfaches Leben. Eine Zeitlang unterrichtete er kleine Kinder und hatte den Spitznamen „der schwarze Lehrer", vielleicht wegen seiner dunklen Hautfarbe, vielleicht aber auch, weil er Einsamkeit und Meditation besonders liebte.

Anders als der Bescht gewann er schnell Ansehen als rabbinischer und mystischer Lehrer. Seine Lehren enthielten Kommentare zur Bibel, zum Sohar, dem Talmud, und selbst den Kodex des rechten Tuns, den *Schulchan Aruch*, hat er kommentiert.

Und anders als der Bescht hatte Rebbe Pinchas auch stets gewünscht, an einem festen Platz bleiben zu können und dort seine Arbeit zu tun. Aber es war ihm nicht vergönnt. Er floh aus Schklow, um seiner Verhaftung zu entgehen, und suchte Zuflucht in Miropol (Wolhynien). Von dort wanderte er nach Koretz, dann nach Ostraha. Hier blieb er, bis er 1791 ins Heilige Land aufbrach, aber er kam nur bis Schipitowke, wo er starb.

Er war freundlich und nachsichtig. Eines Tages beschimpfte seine Frau die Haushälterin, und er wies sie zurecht: „Bitte-bitte, richte deine Stimme nie gegen ein menschliches Wesen. Ein Mensch ist viel zu wertvoll."

Er selbst sprach leise und geduldig. Er war ein liebevoller Ehemann, ein guter Vater, selten wurde er ärgerlich.

„Ich glaube nicht, daß es mir gelungen ist, meine Eitelkeit zu besiegen", bemerkte er einmal, „aber es ist mir gelungen, meinen Zorn in meine Tasche zu stecken, und nur wenn ich ihn brauche, ziehe ich ihn heraus."

Er war darauf angewiesen, in einer besinnlichen Atmosphäre zu leben. Meist sah er einen Besucher wortlos an und bat diesen, er möge ihn auch nur ansehen und ebenfalls kein Wort sagen. Er betete ganz leise, still und wies alle deutlichen Zeichen von Ekstase weit von sich.

Als der Bescht 1760 starb, war Rebbe Pinchas knapp 32 Jahre alt. Er muß also recht jung gewesen sein, als sie sich das erste Mal trafen. Der Bescht ging mit ihm wie mit seinesgleichen um und tat mehr als das übliche, um ihn für sich einzunehmen, obwohl Rebbe Pinchas damals nicht zu der esoterisch-asketischen Gruppe gehörte, zu der die übrigen Gefährten des Bescht, wie Reb Gerschom von Kitew, Reb Nachman von Kossow, Reb Michal von Slotschow, zählten.

Rebbe Pinchas stellte keinen vielversprechenden Mitkämpfer dar, gehörte zu keinem einflußreichen Klan, dessen Anhängerschaft für die neue Bewegung hätte wichtig sein können. Nein, der Bescht wollte Rebbe Pinchas als den, der er war, er wollte ihn um seinetwillen, nicht wegen seines Einflusses. Er wollte ihn für sich selbst, nicht für die Bewegung.

Vielleicht brauchte er ihn mehr noch als Freund denn

als Jünger. „Der Mensch ist nicht allein", soll ihm der Bescht gesagt haben, als sie sich das erste Mal trafen. „Gott läßt uns die Vergangenheit erinnern, damit wir unsere Einsamkeit aufbrechen. Unsere Väter stehen hinter uns, einige von ihnen hat Gott geprüft oder erwählt. Was sie auch taten, sie taten es für uns. Alles, was wir tun, tun wir für sie. Vor langer Zeit, in Ägypten, hat jeder von uns um die Bewahrung der heiligen Sprache gekämpft, um die Bewahrung der Namen unserer Vorfahren und deren Kinder, um die Erinnerung an den Bund mit Gott. Jeder von uns hat zu Füßen der Propheten gesessen, um ihren Lehren zu lauschen, jeder von uns ist durch die Wüste gezogen zum Sinai und wieder fort vom Sinai. Jeder von uns hat den Glanz und die Zerstörung Jerusalems gesehen. Wir alle sind Reb Jochanaan ben Sakkai ins Exil gefolgt, wir alle haben seine Angst und seinen Stolz geteilt. Und darum müssen wir zusammenhalten." Sicher, es gab in ihrer Freundschaft etwas sehr Feines, Leises, Zurückhaltendes und zugleich auch etwas sehr Herzliches. Ihre gegenseitige Achtung und Liebe ging so weit, daß sie nicht versuchten, einander zu ändern.

Die Legende weiß, daß Rebbe Pinchas den Bescht zweimal besuchte und daß der Bescht zweimal ihn besuchte. Eine andere chassidische Tradition behauptet, daß Rebbe Pinchas drei Dinge vom Bescht gelernt habe, aber die Überlieferung verrät nicht, welche dies waren. Als Gegenleistung habe Rebbe Pinchas den Bescht auch drei Dinge gelehrt. Vielleicht waren es dieselben.

Die beiden Freunde verbrachten offensichtlich das letzte Schawuothfest zusammen, als der Bescht schon auf dem Sterbebett lag. Die meisten der Schüler waren seinem Wunsch gefolgt und nach Hause gegangen. Nur Rebbe Pinchas war geblieben. Auf einmal fing er an zu beten, ruhig, aber leidenschaftlich legte er Fürsprache für den alten Meister ein. „Zu spät", flüsterte der Bescht, „zu spät. Was getan ist, ist getan, was geschehen ist, kann nicht ungeschehen gemacht werden."

Im Streit um die Nachfolge des Bescht fühlte sich Rebbe Pinchas – und das ist kennzeichnend für ihn – eher zu den Verlierern hingezogen als zu den Gewinnern, insbesondere zum Sohn des verstorbenen Meisters, zu Reb Zwi-Hersch. Dessen Name ist häufig in seinen Aussprüchen erwähnt. Ihm war er ein verständnisvoller Vertrauter und Gönner.

Ebenso herzlich und geradezu leidenschaftlich blieb die Freundschaft mit Ben Jaakow-Josseph von Polnoje. Ben Jaakow hätte gern die Nachfolge des Bescht angetreten, nachdem er ihm treu gedient hatte. Aber er wurde nicht gewählt. Weil er sich abgelehnt fühlte, beschloß er verbittert, den Sabbat künftig allein zu feiern. Nur Rebbe Pinchas leistete ihm gelegentlich Gesellschaft. Eines Tages versuchte er, seinen unglücklichen Freund zu trösten, und erzählte ihm folgendes Gleichnis:

„Wenn der König nachts schläft, ruht seine Krone auf einem Nagel an der Wand. Warum gerade auf einem Nagel, einem gewöhnlichen Gegenstand, der von gewöhnlichen Leuten für gewöhnliche Zwecke gebraucht wird und nicht auf dem Kopf eines Ministers, der speziell für diese ehrenvolle Aufgabe ausgewählt wurde? Ich will dir sagen, warum: Der Minister würde die Krone auf seinem Kopf ernst nehmen. Diese Gefahr besteht nicht bei einem Nagel..." Aus dieser Geschichte können wir schließen, daß Reb Pinchas' Beziehungen zu dem Gewinner, Reb Dow-Bär, dem großen Maggid von Mesritsch, leicht gespannt gewesen sein müssen.

Nicht daß Rebbe Pinchas etwas gegen die Wahl einzuwenden gehabt hätte oder an Reb Dow-Bärs Verdiensten und an seiner Eignung gezweifelt hätte. Nein, er schätzte den großen Maggid sehr, der nun die Bewegung anführte. Aber in der ihm eigenen liebenswürdigen Art mißtraute Pinchas allen Führern. Darum hatte er es ja abgelehnt, selbst einer zu werden. Lange Zeit trug er kein rabbinisches Gewand, saß auf keinem Thron und wies alle Bewunderer zurück. Er war es gewohnt, alte Kleider zu tragen, mit Bettlern und Freunden hinterm Ofen zu sitzen – weit weg vom Rampenlicht. Ob er sich unwürdig oder unfähig fühlte, andere zur Wahrheit zu führen? Vielleicht grübelte er zuviel über die Gefahren der Eitelkeit, die so schnell aufkommt, sobald einer über Macht verfügt. Und so hatte er Angst vor Ruhm.

Der berühmte Großvater von Schpole erzählte folgende Geschichte: „Über Jahre hinweg lebte ich wie ein Vagabund. In Gesellschaft von Bettlern zog ich von Stadt zu Stadt, von Dorf zu Dorf. Eines Tages kamen wir zufällig nach Koretz am Vorabend des Sabbats. Wir gingen zum Gottesdienst von Rebbe Pinchas. Sobald die Feier zu Ende war, begrüßte er jeden von uns. Als ich an der Reihe war, ihm die Hand zu geben, sah er mich an und umarmte mich. Er wußte, wer ich war. Jahre später, als man mich überall kannte, wollte ich ihn wieder besuchen: Der Großvater von Schpole wünschte dem Zaddik von Koretz seinen Respekt zu erweisen. Wieder war es am Vorabend des Sabbats. Wieder begrüßte Rebbe Pinchas alle Fremden. Dann kam ich an die Reihe. Er sah mich an und fragte: „Wer bist *du*? Woher kommst *du*?"

Wie typisch für Rebbe Pinchas. Als niemand den Großvater von Schpole kannte, erkannte er ihn. Als er eine Berühmtheit war, da erkannte er ihn nicht.

Und was den Großvater von Schpole betrifft: der beendete diese Geschichte, indem er sagte: „Es taugt nichts, berühmt zu sein! Nein, nein – es ist nicht gut, sag' ich dir."

Unter den zahllosen Aussprüchen des Rebbe Pinchas, die alle gesunden Menschenverstand und Weisheit aufzeigen, warnen viele vor den Fallen, die die Eitelkeit oft stellt. Wie man sie entlarvt, wie man sie bekämpft und überwältigt, das wollen sie zeigen.

„Wenn irgend jemand es nötig findet, mich zu ehren", pflegte er zu sagen, „bedeutet das: er ist bescheidener als ich. Das heißt: er ist besser und heiliger als ich. Also mußte ich ihn verehren. Warum also erweist er mir Ehre?"

Sein Schüler Reb Raphael von Barschad sagte: „Wenn ich vor dem himmlischen Gericht erscheinen muß, werden mich seine Mitglieder nach meinen verschiedenen Sünden befragen. Und natürlich werde ich mein Bestes tun, alle möglichen Ausflüchte zu finden. Warum habe ich nicht genug gelernt? Ich hatte weder Talent noch Zeit. Warum habe ich nicht mit mehr Sammlung gebetet? Ich war zu sehr damit beschäftigt, meinen Lebensunterhalt zu verdienen. Und habe ich überhaupt gefastet? Nein, nein, ich war zu schwach. Und wie hab' ich's mit der Barmherzigkeit gehalten? Dazu war ich zu arm. Und schließlich werden sie mich fragen: Wenn es also so war, wenn du weder gelernt noch gebetet hast, wenn dir Mitleid genauso gefehlt hat wie Nächstenliebe, wenn du viel zu sehr mit dir selbst beschäftigt warst, warum strotzt du dann so vor Stolz? Und darauf werde ich keine Antwort und keine Entschuldigung wissen."

Rebbe Pinchas sagte: „Jede Sünde läßt sich begründen und auf eine Ursache zurückführen, die gut oder schlecht sein kann. Mit einer einzigen Ausnahme: der Eitelkeit. Sie braucht keinen Grund, um zu wachsen und zu wachsen. Man kann selbst in Lumpen auf der Erde liegen, hungrig und ohne alle Verdienste, ohne alles Wissen und immer noch ohne Ende denken: Ich bin groß, ich bin gelehrt, ich bin gerecht."

Ebenso sagte er: „Alles, was ich weiß, habe ich früher gelernt, als ich in der letzten Reihe saß und mich niemand sehen konnte. Nun bin ich hier, sitze auf einem Ehrenplatz – und verstehe nichts..."

Natürlich wußten alle großen Meister, wie groß die geistige Bedrohung war, die in ihrer Position steckte. Man kann nicht Macht besitzen wollen, ohne zugleich der Selbsttäuschung zu erliegen, man verdiene sie auch. Angefangen vom *Maggid von Mesritsch,* betonten die meisten der chassidischen Meister, es sei unbedingt nötig, ständig gegen Stolz und Selbstzufriedenheit anzukämpfen. Rebbe Pinchas war insofern eine Ausnahme, als er schon der Versuchung dazu aus dem Weg ging.

Was hat ihn denn überhaupt am Chassidismus gelockt? Nur der Bescht und seine Freundschaft? Nein, Reb Pinchas blieb der Bewegung noch dreißig Jahre über den Tod ihres Gründers hinaus treu. Er hatte nicht nur persönliche Gründe. Seine Motive waren an die Bedingungen gebunden, in denen die jüdische Gemeinde in Polen lebte.

Der Chassidismus war damals die revolutionärste Bewegung innerhalb des Judentums. Er begeisterte die Jungen, rüttelte die Träumer auf, belebte die Armen, die Verzweifelten, die Geschlagenen... Die Besten schlossen sich ihr an, was man an den ersten Gefährten des Bescht sehen kann. Das waren alles namhafte Gelehrte. Auch sie hatten gefühlt, daß der Chassidismus die jüdische Kontinuität wesentlich förderte: er gab den Hoffnungslosen Hoffnung und vermittelte denen, die es brauchten, das Gefühl dazuzugehören. Die entwurzelten, einsamen, ausgelaugten und ungebildeten Dörfler, die nicht durch eigene Schuld, sondern infolge der Umstände am Rande, wenn nicht gar außerhalb des Weltgeschehens lebten, fühlten plötzlich, daß sie irgendwohin gehörten, das Volk Israel war ihr

Volk, sein Schicksal war ihr Schicksal. Die Macht der Bewegung lag nicht in einer Ideologie, sondern in der Art zu leben. Der Bescht hatte buchstäblich die Atmosphäre und die Qualität des jüdischen Lebens in Hunderten von Städten und Dörfern verändert, seine Siege zeigten sich im Überleben dieser zerstreuten Gemeinde.

Denn es waren grausame Zeiten für die Juden Osteuropas. Während Washington und seine Generäle für Amerikas Unabhängigkeit kämpften und die französischen Revolutionäre Vernunftherrschaft und Freiheit ausriefen, lebten die Juden in Rußland und Polen elend und verloren. Polnische Juden wurden immer noch – regelmäßig – des Ritualmordes bezichtigt. Ein polnischer Autor schrieb damals: „Genauso wie Freiheit nicht ohne das Recht auf Protest zu erreichen ist, kann man die *Mazze* für das jüdische Pessachfest nicht ohne christliches Blut herstellen."

In England lehnte das Parlament Anträge ab, die den Juden bürgerliche Rechte gewähren sollten... in Rom verdammte Papst Pius VI. siebentausend Juden seiner eigenen Stadt zu einem Leben in öffentlicher Schande. In Rußland wurden Juden verfolgt und niedergemetzelt... Voltaire und Rousseau, Kant und Goethe, Mozart und Goya, Danton und Robespierre – sie alle waren Zeitgenossen des Bescht, des Maggid von Mesritsch und des Rebbe Pinchas von Koretz, und es war, als ob sie nichts mit ihnen gemeinsam hätten. Jüdische Geschichte spielte sich neben der Weltgeschichte ab. Den Juden wiesen nicht nur christliche Fanatiker einen untermenschlichen Status zu, auch aufgeklärte Verfechter der Säkularisation scheuten sich nicht, dasselbe zu tun.

Insofern hatten die Juden durchaus ihre guten Gründe, an der Weisheit und der Gerechtigkeit der nichtjüdischen Gesellschaft zu zweifeln. Sie hatten durchaus Gründe, die absolute Macht des Rationalismus in Frage zu stellen.

Also wandten sie sich nach innen und entdeckten die Mystik. Sie wandten sich an den Rebbe, denn einzig er konnte sie trösten, er allein verstand es, ihnen ein Gefühl der Heiligkeit zu geben. Plötzlich und das erste Mal seit Jahrhunderten hatten sie erkannt, daß sie keine unnützen Geschöpfe waren. Jede einzelne ihrer Gesten, jedes einzelne Gebet, ganz gleichgültig, wie unbeholfen es war, zählte und war wichtig. Der Hirte, der am Jom Kippur auf seiner Flöte spielte, vollbrachte eine Tat, die noch in den höchsten Sphären nachhallte. Der Segensspruch des Bettlers zwang Gott, sich selbst hinzugeben.

Gott ist überall, sagte der Bescht. Auch im Leid? Auch im Leid, gerade dort. Gott *ist*, und das heißt: Er wohnt in jedem Menschen. Auch im Ungebildeten? Auch in den Ungebildeten, auch in den Sündern, auch in den Erniedrigten – ja, am meisten in den Erniedrigten. Und Gott läßt sich finden. Jeder kann ihn begreifen. „Während Er auf Seinem Thron sitzt", sagte Rebbe Pinchas, „erreichen ihn sowohl die Tränen der Zerknirschten wie die Inbrunst der Beter. Gott *ist*, Gott ist *einer*, und das heißt: er ist derselbe für alle, die auf verschiedenen Wegen zu ihm finden."

Dieses Trostangebot war zugleich ein Aufruf zur Einheit. Die Juden erfuhren, daß es ihnen im Rahmen des Chassidismus möglich wurde, als Juden sie selbst zu werden, und zwar auf mehr als nur eine Weise. Die Talmudgelehrten durch ihr Studium, die Armen durch ihre Frömmigkeit. Gott bleibt nicht unbeteiligt, und der Mensch ist nicht Sein Feind – das war das Zentrum der chassidischen Botschaft. Es war eine Botschaft, die sich gegen Verzweiflung und Resignation wandte, die jeden einzelnen Juden für die eigenen Probleme hellhörig machte und die ihm zeigte, daß er sie auch lösen konnte. Sie lehrte ihn, Hoffnung nur aus der eigenen Geschichte zu schöpfen und Freude nur innerhalb der eigenen Lebensbedingungen zu suchen.

Die Anteilnahme des Chassidismus an den unglücklichen, schikanierten, vergessenen Juden veranlaßt manchen angesehenen Talmudgelehrten, seine Umgebung wie seine Lebensweise zu verändern und sich der neuen Bewegung anzuschließen. Und als der Maggid von Mesritsch 1772 gestorben war, wurden sie die neuen Führer. Sie antworteten auf ein Bedürfnis, und darin lag ihr unaufhaltsamer Erfolg begründet.

Auch Rebbe Pinchas wurde berühmt, aber er ärgerte sich darüber. Zu viele Leute besuchten ihn aus zu vielen Gründen und stahlen ihm dabei zuviel Zeit, in der er lieber studiert oder nachgedacht hätte. Deshalb richtete er an einem Jom Kippur folgende Bitte an Gott:

„Herr der Welt. Vergib mir meine Kühnheit. Ich weiß, ich sollte Dir danken für all die Geschenke, die Du auf mich gehäuft hast, danken, daß Deine Kinder mich so lieben. Aber versteh doch bitte: mir bleibt einfach keine Zeit mehr für Dich. Unternimm etwas, irgend etwas. Laß die Menschen mich weniger lieben!"

Sein Wunsch wurde erfüllt. Die Menschen suchten ihn nicht mehr zu Hause auf, grüßten ihn nicht mehr auf der Straße, und er war glücklich. Aber *Sukkoth*, das Laubhüttenfest, kam, und wie üblich sagte er das *Uschpisin*-Gebet mit wahrer Inbrunst auf. Er lud die Hirten unseres Volkes in seine Laubhütte ein und bat sie, seine Gäste zu sein. Als erster kam Abraham. Er stand auf der Schwelle, weigerte sich aber einzutreten und erklärte: „Wenn niemand zu dir kommt, muß ich auch fernbleiben. Ein Jude muß mit seinem Volk leben, nicht für sein Volk..." Am nächsten Tag sandte Pinchas eine weitere Bitte an Gott, und er wurde wieder bekannt und beliebt...

Auch dies gehört zur chassidischen Botschaft: Es gibt eine Lösung für die Einsamkeit, und Einsamkeit ist keine Lösung. „Was ist der Sinn von *Tikun* (mystischer Genugtuung)?" pflegte Rebbe Pinchas zu fragen. „Es bedeutet: Kümmere dich nicht nur um dich selbst, sondern um alles, was um dich herum geschieht. Hilf anderen, und du hilfst dir selbst. Wenn du Gott dienen willst, fange an, seinen Kindern zu dienen! Wissen ist dazu da, geteilt zu werden, wie Glaube und alles übrige..."

Leute brachten ihm Geld, und er verteilte es unter die Armen. Einmal bemerkte er: „Ich begehre nur, was ich schon besitze." Wie einfach und wie weise: Es ist besser, zu begehren, was man hat, als zu haben, was man begehrt.

Oft wandten sich seine Schüler an ihn und suchten bei ihm Hilfe in Glaubensfragen. Einem sagte er: „Zugegeben, Gott verbirgt sich vielleicht, aber du weißt das. Das sollte doch genug sein." Wird der Schüler weniger leiden? Kaum. Aber sein Leiden wird anders sein.

Als Rebbe Pinchas hörte, Atheisten forderten einen Beweis für Gottes Existenz, lief er zum Lehrhaus, öffnete den Torahschrein, ergriff die heiligen Rollen und rief aus: „Ich schwöre, ich schwöre, daß Gott existiert – reicht das denn nicht als Beweis?"

Ein Schüler war so von Angst gepeinigt, daß er nicht einmal wagte, über sie zu sprechen. Rebbe Pinchas sah ihn an und schmunzelte: „Ich kann mir so gut vorstellen, wie du dich fühlst. Aber sag mal, wenn *ich* es schon weiß, glaubst du nicht, daß *Er* es erst recht weiß?"

Immer wenn er von schwierigen und drängenden Problemen sprach, entfaltete er einen feinfühligen Humor.

„Alles, was wichtig ist, ist selten", bemerkte er einmal. „Millionen und Abermillionen von Menschen bewohnen die Erde, aber nur wenige von ihnen sind Juden. Unter den Juden haben nur wenige richtig gelernt. Unter den Gelehrten sind nur wenige fromm. Und noch weniger unter ihnen können richtig beten."

Ein anderes Mal: „Gott schuf Eva als Adams *eser kenegdo,* gemäß der Schrift: damit sie ihm gegen sich selbst helfe. Was soll das bedeuten? Nun, stell dir vor, du besuchst einen reichen Mann und bittest ihn um Barmherzigkeit. Er heißt dich herzlich willkommen und sagt: Wie gern, *wie* gern gäbe ich dir alles, was du nur brauchst. Wenn ich es doch nur könnte, aber, siehst du, es geht nicht, ich kann nicht: meine Frau ist dagegen."

Ein Schüler fragte ihn: „Was soll ich tun? Ich werde von bösen Versuchungen verfolgt." Er antwortete: „Bist du sicher, daß es nicht umgekehrt ist?"

Rebbe Pinchas war so scharfsichtig und scharfsinnig, und dennoch war er zugleich auch naiv. Er war zum Beispiel überzeugt, alle Krankheit werde ursprünglich von Lügen verursacht. Ein Mensch, der nicht lügt, kann nicht krank sein. Er sagte auch: Wenn ein Jude eine Frage beantwortet, bekämpft er den Feind Israels. Wenn ein Jude auf eine Frage die Wahrheit sagt, hat er alle eigenen Feinde besiegt. Oder: Wenn man das Lügen genauso verurteilte wie den Ehebruch, dann käme der Messias.

Am Jüngsten Tag – so sagte er oft – werden selbst die Lesepulte gerichtet und verurteilt. Die einen werden dann zum Lernen dienen, die anderen zum Ofenheizen.

Oder: Ein Zaddik steigt nach seinem Tode von einer Stufe zur nächsten, höher und höher, bis er zuerst ein heiliger Buchstabe wird, dann ein heiliger Gedanke und schließlich ein heiliger Name.

Und folgenden Ratschlag wiederholte er gern im Namen des Bescht: Wenn du das Bedürfnis hast zu danken, dann danke Gott. Wenn du aber anklagen willst, dann klage dich selbst an.

Das Buch von Rebbe Pinchas, das erst nach seinem Tod veröffentlicht wurde, der *Midrasch Pinchas,* enthält viele solcher Aphorismen, Geschichten und Einsichten. Es verbindet die schriftliche mit der mündlichen Tradition, versiegelt Geheimnisse mit offenbaren Absichten. Rebbe Pinchas liebte das mystische „Buch des Glanzes", er suchte stets „Zuflucht im *Sohar*".

Die Frage nach der Erlösung nahm seine Gedanken und Träume ganz in Beschlag. Welcher Chassid wartet nicht auf den Messias? Welcher Rebbe versucht nicht, sein Kommen zu beschleunigen? Jude zu sein bedeutet sein Schicksal an das des Messias zu binden, an das aller, die auf den Messias warten. Wie kann man die Ereignisse beschleunigen? Keinesfalls mit kabbalistischen Methoden. Sie sind zu kompliziert, zu verwickelt und unzugänglich, und schließlich haben sie sich in der Vergangenheit nicht gerade als erfolgreich erwiesen. Besser ist es da schon, es auf einfacheren Wegen zu versuchen.

Wende dich lieber an einfache Leute. Jeder kann den Lauf der Geschichte ändern, es liegt in der Hand eines jeden einzelnen, das Exil abzukürzen.

Hierin bleibt Rebbe Pinchas unverwechselbar: In seiner Lehre spielt der Zaddik, der Gerechte, kaum eine besondere Rolle – weder als Mittler zwischen Himmel und Erde noch als Instrument, das Gott wählte, um seinen Willen zu offenbaren und zu vollenden. Statt dessen betont Rebbe Pinchas die Wichtigkeit eines jeden einzelnen Menschen, ganz gleich, wie heilig oder unwissend er ist. Es genügt, grundlegende und praktische Gebote zu erfüllen, um es dem Erlöser zu ermöglichen, sich in unserer Mitte für eine Stunde zu zeigen – erst *einem* Menschen, dann immer mehr und mehr.

„Wenn ich nur wollte", sagte Rebbe Pinchas, „könnte ich den Messias so einfach bringen, wie ich einen Strohhalm aufheben kann, aber ich vertraue lieber auf den Allmächtigen. Und der vertraut auf die Menschen. Wenn alle Juden ihren Nächsten wirklich liebten, wäre die Erlösung da."

Ein andermal sagte er: „Wenn alle Menschen die Wahrheit sagten, wäre es gar nicht mehr nötig, die Ankunft des Messias zu beschleunigen. Er wäre schon da, denn ebenso wie der Messias die Wahrheit bringt, bringt die Wahrheit den Messias." Wahrheit: Rebbe Pinchas war besessen von ihr. Sie war die Leidenschaft, die ihn Tag und Nacht umtrieb.

„Ich habe mir alle Knochen gebrochen, während ich an mir selbst arbeitete, um zur Wahrheit zu gelangen", sagte er. „Dazu brauchte ich einundzwanzig Jahre: sieben Jahre, um zu entdecken, was Wahrheit ist, weitere sieben Jahre, um alle Falschheit aus meinem Leben zu verbannen, und die letzten sieben Jahre, um Wahrheit zu empfangen und sie zu leben."

Seine Freunde und Anhänger schätzten die Wahrheit so hoch, daß sie es nicht wagten, seine Kommentare zu wiederholen: aus Angst, ihn falsch wiederzugeben. Seinen Erben, Reb Raphael von Barschad, hielt eines Tages ein Mann auf der Straße an und fragte ihn: „Bist du nicht Reb Raphael von Barschad?" „Ich glaube schon", sagte der Rebbe.

Als er einmal aufgefordert wurde, zugunsten eines Mannes auszusagen, dessen Unschuld er bezweifelte, weinte derselbe Rebbe Raphael eine ganze Nacht hindurch: Er brachte es nicht über sich, eine mögliche Unwahrheit zu sagen. Er weinte und weinte und starb im Morgengrauen.

Einmal, während des *Maariw*-Gebets, stieß Rebbe Pinchas einen so schmerzerfüllten Schrei aus, daß seine Anhänger tief erschraken. Im selben Augenblick kam die

Gräfin, der Koretz gehörte, an seinem Fenster vorbei. „Ich habe noch nie einen Schrei gehört, der so voller Wahrheit war!" sagte sie zu ihren Begleitern. Als Rebbe Pinchas von ihrem Kommentar hörte, lächelte er, denn er gefiel ihm. „Jeder kann Wahrheit finden", bemerkte er, „selbst die Heiden." Bei einer anderen Gelegenheit betonte er eindringlich: „Auch noch die Frevler unter den Heiden müssen wir lieben, auch für sie müssen wir beten – nur so kann sich Erlösung verwirklichen."

Aber natürlich lag ihm seine eigene Gemeinschaft besonders am Herzen, sein eigenes Volk. Zu dessen Gunsten rechtete er selbst mit Gott. „Wenn ich nur singen könnte", flüsterte er einmal, „ich würde ihn schon zwingen, herabzukommen, mit seinen Kindern zusammen zu sein, ihr Leid mitzuerleben – ich würde ihn zwingen, sie zu retten!" Ein anderes Mal rief er aus: „Warum läßt Du Dein Volk im Exil? Warum dauert es so lang? Nur weil wir Dein Gesetz nicht befolgt haben und es immer noch nicht tun? Aber dann sag doch: Wer hat Dich gezwungen, es uns zu geben. Haben wir Dich vielleicht darum gebeten? Haben wir es denn gewollt? Du hast es uns gegeben. Außerdem, sag mal, Herr des Universums, hast Du damals nicht genau gewußt, daß wir nicht alle Deine Gesetze halten würden? Trotzdem hast Du uns auserwählt – warum bist Du dann ärgerlich?"

Ebenso wie sein gefeierter Zeitgenosse Rebbe Levi Jizchak von Berditschew pflegte er sich am Jom Kippur in Jiddisch an Gott zu wenden und die Sache Israels mit solcher Macht und Überzeugungskraft zu vertreten, daß jeder, der ihn hörte, ergriffen zitterte.

Die andere Leidenschaft, die Rebbe Pinchas' Leben beherrschte, war die Freundschaft.

Er war nicht nur mit den anderen Rebben befreundet,

sondern auch mit seinen Schülern. Freund zu sein, war einfach seine Rolle. Er verstand, daß der Chassidismus, wenn er seine Ideale vor den Menschen rechtfertigen wollte, sich zu einem Zentrum entwickeln müsse, das Freundschaft verbreitet, und genau das gelang ihm auch. *Dibbuk-Chawerim* – Nähe unter den Freunden – war innerhalb des Chassidismus ein Grundgebot. Die Leute kamen nach Mesritsch und später nach Lisensk, Ryshyn und Lublin nicht nur, um dort den Meister aufzusuchen, sondern auch, um ihre Freunde zu treffen, um mit ihnen Freude und Leid zu teilen, einander mit einer Geste, einem Wort, einem Lächeln, einem Lied oder einer Geschichte zu helfen.

Es sagte Rebbe Raphael von Barschad: „Unser Meister und Lehrer, Rebbe Pinchas von Koretz, lud mich einmal ein, mit ihm in seinem Wagen zu fahren. Leider war dort aber zu wenig Platz. – ‚Mach dir nichts draus', sagte der Meister beruhigend. ‚Laß uns gute Freunde sein, und es wird schon Platz geben.'"

Rebbe Raphael erinnerte sich auch daran: Rebbe Pinchas sprach gern über Freundschaft. Häufig nannte er Gott – gelobt sei Er und gelobt sei Sein Name – einen Freund, einen wahren Freund. Und wenn er so von ihm sprach, tat er es mit feurigem Herzen.

Diese Geschichte allein würde schon genügen, uns mit Liebe und Bewunderung für Rebbe Pinchas zu erfüllen. Wir kennen die Rede von Gott als Vater, als Richter oder König. Bislang hat er aber offenbar nie die Rolle angenommen, dem Menschen ein Freund zu sein, eine Rolle, die ihm allein Rebbe Pinchas verliehen hat.

Und dennoch – Rebbe Pinchas, der Freunde in jedem Menschen, überall, selbst im Himmel gesucht hatte, verbrachte seine letzten Monate auf Erden in Traurigkeit.

Wie die meisten der großen Meister seiner Zeit fiel auch er in Melancholie und hatte doch gerade das so verzweifelt zu verhindern versucht.

Es gibt keine gesicherten Tatsachen über seinen Stimmungswechsel und den Wandel seiner Einstellung. Nur Vermutungen. Vor allem intuitive Eindrücke. Aber solche Intuitionen spielen in der chassidischen Literatur eine ebenso wichtige und erhellende Rolle wie ausführliche und genaue Angaben von leidenschaftlichen Jüngern.

Etwas Unerwartetes geschah im Jahr 1791, dem letzten Lebensjahr von Rebbe Pinchas. Plötzlich verließ er Ostraha, wo er als Rabbi Dienst getan hatte, und ging nach Schipitowke, um sich von seinem Schwiegervater zu verabschieden. Er hatte den Plan gefaßt, ins Heilige Land zu ziehen und sich dort niederzulassen. Es war nicht das erste Mal, daß er sich gedrängt fühlte, dorthin zu gehen. Jahre zuvor schon hatte dieser Traum ihn in Versuchung geführt, und er war drauf und dran gewesen, sich auf die Reise zu machen. Aber er wurde krank: „Du willst nicht, daß ich gehe", sagte er zu Gott. „Gut, dann bleibe ich."

So blieb er, aber er hörte nicht auf zu träumen. Er liebte Jerusalem so, daß er erfolglos versuchte, sich diese Stadt auszumalen. Sie übertraf selbst noch seine Vorstellungskraft. Das Höchste, was er vermochte, war, sich jemanden vorzustellen, der in Jerusalem schon einmal war.

Nun war er reisefertig. Er war bereit, mit der vertrauten Heimat in Osteuropa zu brechen, er wollte sich losreißen von den Leiden in der Diaspora.

Angst verdüsterte seine letzten Lebensjahre. Er sprach oft von unerfüllten Wünschen. „Wenn ich doch nur singen könnte..." oder: „Wenn ich doch nur aufschreiben könnte, was mein Mund sagt", und auch: „Ich habe solche Angst, zwar weise, aber nicht fromm zu sein, aber", ergänzte er geheimnisvoll, „ich bin zu krank."

Oft, zu oft überwältigte ihn die Melancholie. „Ich studiere den Sohar", bekannte er Rebbe Raphael, „ich lote seine Tiefe aus, und oft packt mich die Angst. Ich sitze da, starre auf das ‚Buch des Glanzes' vor mir, ich starre einfach auf seine Seiten und schweige; das ist alles, was ich tue."

Einmal eröffnete er seinen Gefährten bestimmte Geheimnisse, verbot ihnen aber später, sie anderen zu entdecken. Noch später bedauerte er, sie ihnen überhaupt anvertraut zu haben.

Reb Pinchas fing an, sich merkwürdig auszudrücken. So antwortete er auf die Frage, warum er vor zweiundzwanzig Jahren in Saslaw gewesen sei, dies sei geschehen, um aus Polen „eine gewisse große Macht zu vertreiben" ...mit seinen Gebeten. Er schrieb einen geheimnisvollen Brief an einen geheimnisvollen Reb Jeschajahu, der „Schwierigkeiten hatte mit *kabalat ol malkut schamajim* – das Joch des Himmels zu akzeptieren".

Er hatte sich verändert. Vielleicht war er von einer geheimen Not, einer persönlichen Prüfung heimgesucht. Was mag es gewesen sein? Was mag ihn, den Tröster, so untröstlich gemacht haben?

Seine Krankheit? Seine Verzweiflung? Besonders die Verzweiflung über den Stand der Dinge in der Welt und zu Hause? Gewaltige Kämpfe tobten zwischen den Chassidim und ihren Gegnern, den Mitnagdim, die jene mit geradezu chassidischer Leidenschaft und Fanatismus bekämpften. Exkommunikationen und Denunziationen lösten einander ab. Rein zahlenmäßig blühte die Bewegung. In ungefähr dreißig Jahren hatte sie die meisten der vergessenen Gemeinden in Osteuropa erobert. Aber schon zeichnete sich der geistige Verfall ab und stellte eine reale

Gefahr dar. Plötzlich gab es zu viele Richtungen und „Fraktionen", zu viele Residenzen, zu viele Rebbes. Und einige der Anhänger hatten angefangen, sich untereinander zu bekämpfen. Gruppen schlossen sich zusammen, sektiererische Bewegungen wurden ermutigt. Immer noch waren es heroische Zeiten, in denen die großen Meister wie Rebbe Elimelech von Lisensk, der Berditschewer und der Brazlawer überall neue Flammen entfachten. Aber der erste Schwung und die anfängliche Reinheit der Bewegung waren vorüber und in vielen Gegenden längst vergessen.

Rebbe Pinchas von Koretz muß dies alles sehr genau verstanden haben. Die Angriffe auf Rebbe Nachman von Brazlaw, die Meinungsverschiedenheiten zwischen Lisensk und Lublin... Er muß Todesqualen ausgestanden haben, als er erkannte, daß auch Juden, selbst Chassidim, sich der Freundschaft verschließen konnten, auch Juden, selbst Chassidim, es (unter Umständen) an *Ahawat-Israel,* an Liebe zum Volk Israel, fehlen ließen. Und er hat sich wohl an die erste Zeit erinnert, an die Schönheit des Bescht... die Besonnenheit des Berditschewer Maggid, die Begeisterung ihrer Schüler. Er hatte drei Generationen von Lehrern und Schülern erlebt. Ob er den Verfall der Bewegung voraussah? War dies der Grund für seine Traurigkeit? Oder hatte auch er, wie die anderen Meister, zu viele Geschichten voll Leid und Schmerz gehört? Die Leute kamen immer zu ihm mit ihren Zweifeln und ihrer Trauer, teilten ihm ihre Angst und ihr Elend mit. Ob er dies einfach nicht mehr ertragen konnte? Oder ahnte er das Ende von Koretz voraus?

Das Ende kam Sukkoth 1941. Die Deutschen liquidierten das Ghetto. Der letzte seiner Juden verschwand im Sturm. Bewegte Reb Pinchas eine tragische Intuition, eine tragische Vorahnung gar dazu, ein Beispiel zu geben und wegzuziehen, weg von dem heidnischen Haß, weg von der jüdischen Gleichgültigkeit, weg von den streitenden Parteien und ihren Anführern, weg von allen unerfüllten Träumen? Wollte er einfach alles hinter sich lassen und in das Land der Vision und Prophetie gehen, um in Jerusalem über Jerusalem für Jerusalem zu weinen, wie einer nur in Jerusalem weint?

Aber es war ihm beschieden, daß er – wie sein Freund, der Bescht – auf seinem Weg dorthin sterben würde: in der Fremde.

In Schipitowke, kurz bevor er aufbrach, packte ihn ein Schüttelfrost. In quälendem Schmerz lag er da, sein Geist loderte feurig auf. Er sprach ausschließlich vom Tod – in großer Angst. Er wollte nicht sterben, nicht jetzt, nicht dort. Er hatte Angst, allein zu sterben, ohne seine Freunde um sich. Er bat, man möge seinen Freund, Reb Raphael, holen. Als dieser kam, fühlte der Meister sich besser. Sie sprachen und sprachen, und als sie aufhörten, weigerte sich Reb Pinchas, irgend jemand anderen im Raum anzusprechen. Zwei Tage lag er bewegungslos und stumm. Dann begann er, seinen alten Freund zu rufen, der nicht da war. Am folgenden Sabbat ging es ihm schlechter, das Ende war nah. Reb Pinchas flüsterte: „Chaim, Chaim, mein Freund, mein Bruder – komm her, bleib bei mir. Ich habe Angst. Rette mich vor dem Todesengel. Chaim... wenn du bei mir bleibst, mein Freund, werde ich nicht sterben!"

Eine rabbinische Versammlung, die in Eile von Rebbe Simson von Schipitowke einberufen wurde, willigte ein, einen besonderen Boten zu Reb Chaim von Krasna zu senden, denn dieser feierte Sabbat im Nachbardorf. Der Bote beförderte einen Brief, der datiert war: *Hajom schabbat kodesch* – an diesem heiligen Sabbattag. Es war ein Wettlauf mit der Zeit, ein Wettlauf mit dem Tod.

Die Zeit gewann, der Tod gewann, der Chassidismus hatte verloren. Als Chaim von Krasna ankam, war es zu spät. Sein Freund gehörte schon zur anderen Welt.

Sein Geheimnis bleibt unangetastet. Wir wissen nicht, was ihm am Ende seines Lebens zustieß. Wir werden es auch nie erfahren. Warum hat ihn, der stets gefaßt und heiter war – am Ende solche Angst gepackt? Was hatte er gesehen? Welche Visionen hatte er – Visionen von wem? Welche Lösungen stellte er welchen Rätseln gegenüber? Hat er plötzlich erkannt, daß die Juden keine Freunde haben? Nirgendwo? Oder daß der Messias zu spät kommen würde, viel später als er angenommen hatte, viel später als er befürchtet hatte?

Er starb, und mit ihm starb Koretz. Und nun ist er zu einem heiligen Buchstaben geworden, einer fesselnden Geschichte, einem aufrüttelnden Namen, einem Schlüssel zu Wahrheit und Mitleid.

Seine Sehnsucht ist unsere Sehnsucht, seine Fragen bleiben unsere Fragen – und *wir* sind es, die weitermachen müssen.

Ein zorniges Feuer der Hoffnung: Rebbe Baruch von Międžyborž

Und es geschah, daß ein Schüler des berühmten Rebbe Baruch sich in den Netzen des Satans verfing. Der arme Mann war einer gefährlichen Spur gefolgt, die in die Dunkelheit führte. Er las verbotene Bücher, spielte mit gefährlichen Gedanken und wagte sich in verborgene Gebiete, in die nur Auserwählte einen Blick werfen dürfen. Er bewegte sich am Rande des Abgrunds, die Versuchung war groß, führte aber in Verdammnis.

Als sein Meister, Reb Baruch von Międžyborž, dies alles erfuhr, wurde er traurig. Aber er sagte sich: Nun, der Kerl ist jung und leichtgläubig. Wenn er das nächste Mal kommt, will ich mit ihm reden, ich werde ihm schon den Kopf zurechtrücken und ihn zu Gott zurückbringen. Aber der Schüler ließ ihn warten. In der Zwischenzeit erreichten den Meister neue, noch beunruhigendere Nachrichten. Der Schüler, so hieß es, habe aufgehört zu beten, aufgehört zu lernen, er habe aufgehört, sich mit Mitgliedern der chassidischen Gemeinde zu treffen. Er lebe nicht einmal mehr mit Juden zusammen.

Übermannt vom Kummer, sagte der Meister zu sich: Er wird schon zu mir kommen, er muß es tun, und dann will ich schärfer, härter als je zuvor mit ihm umgehen. Und er wird einfach gezwungen sein, zur Gemeinde zurückzufinden. Aber der Schüler ließ auf sich warten.

Schließlich hatte der Rebbe keine andere Wahl mehr.

Eines Tages beschloß er, selber den Schüler aufzusuchen. Ohne es irgend jemandem zu verraten, brach er auf, ging in die weit entfernte Stadt und trat dort seinem Schüler entgegen. Noch bevor der junge Mann seine Gedanken sammeln und ein Wort hervorbringen konnte, sagte der Rebbe:

„Du bist überrascht, mich hier in deinem Raum zu treffen? Das wäre nicht nötig. Ich kann Gedanken lesen, ich kenne deine tiefsten Geheimnisse. Du bist allein und versuchst gerade, deine Einsamkeit noch zu vertiefen. Du hast die fünfzig Pforten des Wissens und des Zweifels durchschritten, eine nach den anderen, und ich weiß, wie du das geschafft hast.

Mit einer Frage hast du angefangen, der bist du in aller Schärfe nachgegangen, und so wolltest du die erste Antwort finden, die es dir erlaubte, das erste Tor zu öffnen. Du bist hindurchgegangen und sahst dich mit einer neuen Frage konfrontiert. Du hast an ihrer Lösung gearbeitet und die zweite Pforte gefunden. Und die dritte, die vierte, die zehnte; eine führt zur anderen, ein Schlüssel zum nächsten. Und nun stehst du vor der fünfzigsten Pforte.

Sieh nur hin, sie ist offen! Du fürchtest dich, nicht wahr? Das offene Tor macht dir Angst, denn sobald du es durchschreitest, wirst du einer Frage gegenüberstehen, auf die es keine Antwort mehr gibt, keine menschliche Antwort. Und wenn du dennoch versuchst, eine zu finden, wirst du in den Abgrund der Hölle stürzen und für immer verloren sein. Du wußtest das nicht, nur ich wußte es. Nun weißt du es auch."

„Was soll ich tun?" schrie der Schüler entsetzt. „Was kann ich noch tun? Zurückgehen? Zurück zum Anfang? Zur ersten Pforte?" „Unmöglich", sagte der Meister, „man kann niemals zurückgehen. Es ist zu spät. Was geschehen ist, kann nicht ungeschehen gemacht werden."

Es entstand ein langes Schweigen. Plötzlich fing der Schüler an, heftig zu zittern. „Bitte, Rebbe!" schrie er. „Hilf mir! Beschütze mich! Was kann ich noch tun? Wohin kann ich von hier aus gehen?" „Sieh vor dich!" sagte der Rebbe, „sieh hinter die Pforte. Was hält einen Menschen davor zurück, gleich über die Schwelle zu stürzen? Was bewahrt einen davor, zu fallen? Der Glaube! Ja, mein Sohn, hinter der fünfzigsten Pforte erwartet dich nicht nur der Abgrund der Hölle, sondern auch der Glaube. Beide liegen ganz dicht nebeneinander."

Und der Rebbe brachte den Schüler zurück zu seinem Volk – und zu sich selbst.

Diese Geschichte ist nicht typisch für Rebbe Baruch. Er wäre zu stolz gewesen, einem abspenstigen Schüler nachzulaufen. Er wollte, daß die Leute zu ihm kamen, seinen Palast besuchten und ihm die gebührende Reverenz erwiesen. Warum machte er dann eine Ausnahme? In Fragen des *Pikuach-nefesch,* wenn eine Seele in Gefahr ist und Rettung braucht, muß man alle Grundsätze aufgeben. In jedem Fall ist die Art, in der Reb Baruch den Fall löste, nicht weniger verblüffend als sein Verhalten: er sprach mit jemandem über den Glauben, dessen Problem es ja gerade war, keinen Glauben zu haben.

Ein seltsamer Mensch, dieser Rebbe Baruch von Międzyborż, einer der seltsamsten unter den chassidischen Meistern seiner Zeit: Mit ihm kam der Zorn in den Chassidismus.

Die Historiker gingen mit Rebbe Baruch nicht gerade freundlich um, ebensowenig wie mit seinem Großvater, dem er unbedingt ähneln wollte. Graetz verleumdete den Großvater, Dubnow ließ den Enkel recht unbedeutend erscheinen. Beide Urteile sind unbegründet und unfair.

Wie der Bescht löste auch Rebbe Baruch leidenschaftliche Stellungnahmen aus, bei Freunden genauso wie bei Gegnern. Die einfachen Chassidim waren ihm treu, was man nur von einigen ihrer Führer sagen kann.

Rebbe Israel von Ryshyn erklärte: „In seiner Gegenwart wird ein frommer Mann noch frommer, ein weiser Mann noch weiser und ein dummer noch dümmer."

Rebbe Zwi-Hersch von Shiditschoiw wollte zu gerne einmal hören, wie Reb Baruch das Lied der Lieder sang. Sein Wunsch war so groß, daß er sich in Baruchs Studierzimmer versteckte. Später erzählte er seinen Freunden: „Der Meister war in Ekstase, es war, als stünde er in Flammen und strahle in eine andere Welt. Und als er zu den Versen kam: *Ani-ledodi* – ‚Mein Geliebter ist mein und ich bin sein' –, wiederholte er jedes Wort so leidenschaftlich, daß auch ich mich in eine andere Welt versetzt fühlte."

Aber wie kann man Reb Baruchs Hunger nach Macht, seinen Durst nach Autorität erklären? Der Bescht hatte niemanden beeindrucken wollen und beeindruckte jeden, auch sein Enkel beeindruckte seine Anhänger – er als einziger *wollte* es auch. Ihre Persönlichkeiten unterschieden sich genauso wie ihre ganze Art zu leben. Der Bescht war ständig auf Reisen, sein Enkel residierte in seinem Palast. Der Bescht war arm, sein Enkel nicht. Der Bescht wollte überall Freude verbreiten und rieb sich dabei auf, sein Enkel war damit beschäftigt, gegen seine eigene Melancholie anzukämpfen. Der Bescht sprach sanft und ruhig, sein Enkel schrie.

Kein Wunder, daß Rebbe Baruch auf Kritik stieß, nicht nur bei Gegnern der Bewegung, sondern auch bei einigen ihrer führenden Vertreter. Die einen waren mit seiner Lehre nicht einverstanden, die anderen lehnten seine Methoden ab. Überempfindlich und selbstbezogen, nahm er es schon übel, wenn eine Meinung sich auch nur gering von seiner unterschied oder von ihr abwich. Er hielt sich selbst für den einzig maßgeblichen Führer im Chassidismus, für den Wächter der chassidischen Flamme.

Es gab zwar einige, die sich gegen ihn wandten, aber kaum einer wagte es, ihm öffentlich zu widersprechen. Berühmte Meister wie Rebbe Levi Jizchak von Berditschew, der Seher von Lublin, der Ryshyner, Rebbe Schneur-Salman von Ladi verbrachten oft den Sabbat unter seinem Dach. Ihm war es zu verdanken, daß Międzyborż zum zweitenmal zu einem Mittelpunkt wurde, der alle Chassidim aus der Provinz des Bescht anzog. Międzyborż, das kleine Dorf in Podolien, wurde zu einem Wallfahrtszentrum, ein glorreiches Symbol eines glorreichen Königreiches.

Es trifft sich, daß Rebbe Baruchs Geschichte eng verbunden ist mit einer Legende von seiner Mutter, die – wie wir alle wissen – einen besonderen Platz in der chassidischen Literatur einnimmt.

Der Bescht hatte zwei Kinder, Reb Zwi-Hersch und seine Schwester Oudil. Die beiden hatten völlig unterschiedliche Charaktere und Temperamente. Reb Zwi-Hersch war schüchtern, hilflos, bescheiden und zurückhaltend. Er konnte die Nachfolge des Vaters nicht sichern, denn er wollte und konnte die Spitze der Bewegung, die sich so rasend schnell ausbreitete, nicht übernehmen.

Seine Schwester dagegen war extrovertiert. Keine Frau im Chassidismus ist so angeschwärmt und so bewundert worden wie sie. Sie brachte dem Chassidismus erst Jugend und Charme.

Die Chassidim verehrten Oudil – der Name stammt vielleicht von Adèle, Adela –, als wäre sie selbst ein Rebbe. Irgendwie war sie das auch, zumindest immer an ihres Vaters Seite. Sie sprudelte nur so über von Leben, war voller

Ideen und Pläne. Immer drehte sich alles um sie, stets rief sie Staunen und Begeisterung hervor, sie war immer die Hauptperson. Die Chassidim glaubten, die Schechina habe auf ihrem Gesicht geruht.

Sie war verheiratet mit Reb Jechiel Aschkenasi und verstand es, gleichzeitig für ihn, für ihr Lebensmittelgeschäft, für ihre beiden Söhne und für ihren kranken Vater zu sorgen. Wenn der Bescht krank war, saß sie an seinem Bett. Es bestand eine besondere Freundschaft, eine ungewöhnliche Verbundenheit zwischen den beiden. Man hat das Gefühl, sie habe ihm näher gestanden als seine eigene Frau – ihre Mutter.

Oft begleitete Oudil den Bescht auf Reisen, was ihr Bruder oder ihre Mutter kaum taten. Oudil war scheinbar überall, nie störte sie, nie stiftete sie Verwirrung. Im Gegenteil: sie war stets willkommen, und die Leute fühlten sich wohl in ihrer Nähe. Sie wirkte mit an dem unerhörten Abenteuer, das ihr Vater begonnen hatte. Liebevoll ermutigte er sie, sich immer stärker zu beteiligen. Sie sollte selbst an den Zusammenkünften teilnehmen, zu denen der Bescht und seine Schüler sich häufig zurückzogen. Immer wenn sie beteten, ihre mystischen Versammlungen abhielten oder wenn sie feierten, war sie dabei: Oudil – die weibliche Anmut, die heitere Schönheit des Chassidismus.

Eines Abends nahm sie wieder einmal an einer Feier teil. Ihres Vaters Schüler sangen und tanzten stundenlang, um Gemeinschaft mit Gott zu finden. Sie sangen feurig, tanzten ausgelassen – bis sie alle Fesseln, die sie mit den irdischen Dingen verbanden, hinter sich ließen. Sie vergaßen alles um sich herum, Schulter an Schulter, Hand in Hand, die Augen geschlossen bildeten sie einen Kreis der Freundschaft, einen Kreis um Gott und sein Volk.

Oudil sah ihnen zu und fand es atemberaubend schön,

da bemerkte sie plötzlich, daß einer der Schüler sein Gleichgewicht verlor. Seine Schuhe hatten sich gelöst. Traurig und unglücklich mußte er seine Freunde verlassen.

„Der arme Kerl", sagte Oudil zu ihrem Vater.

Der Bescht lächelte: „Versprich ihm ein paar neue Schuhe, wenn er dir dafür einen zweiten Sohn verspricht."

Beide taten es. Und so bekam Oudil für ein Paar Schuhe ihren zweiten Sohn, Baruch. Die Überlieferung behauptet, sie habe nur ihn gewollt. Sie hatte schon einem Sohn das Leben geschenkt, Rebbe Ephraim, dem künftigen Autor und Lehrer, aber Oudil wollte einen Rebbe, keinen Schriftsteller, und so bekam sie Reb Baruch.

Was wissen wir über ihn? Viel – aber auch nicht zuviel. Wenn wir die chassidischen Quellen befragen, müssen wir feststellen, daß sie ihm gegenüber etwas zurückhaltend sind. Wenige Bücher sind ihm gewidmet, und sein Platz in den Geschichten anderer Meister ist überraschend bescheiden. Man kann sagen, daß er dort nur durch die Feindschaft bekannt ist, die er weckte. Die anderen fanden ihn streitsüchtig, überheblich, launisch und hätten lieber nichts mit ihm zu tun gehabt. Aber wie hätten sie das vermeiden können? Er war der Enkel des Bescht, und seine Wirkung auf den Chassidismus war nicht zu leugnen.

1757 geboren, war er erst drei Jahre alt, als sein Großvater starb. Er wuchs in dem Haus des Maggid von Mesritsch auf und lernte bei Pinchas von Koretz. Er heiratete in eine reiche Familie, lebte zunächst in Tultchin, später zog er nach Międżyborż, wo er mit vierundfünfzig Jahren starb.

Er muß ein frühreifes Kind gewesen sein, und der Bescht hat ihn geliebt.

Einmal fragte ein Schüler den Bescht: „In der Schrift heißt es: ‚Abraham erhob seine Augen und sah drei Männer vor sich.' Der Kommentar des Sohar sagt, die drei Männer seien unsere drei Patriarchen, Abraham, Isaak und Jakob, gewesen. Wie konnte das möglich sein?" wunderte sich der Schüler. „Wie konnte Abraham... Abraham gesehen haben?"

Die Frage war berechtigt, und der Bescht setzte zu einer Antwort an, als sein Enkel, der kleine Baruch, sich einmischte: „Was für eine dumme Frage! Der Sohar spricht nicht von Menschen, sondern von Symbolen, und unsere drei Patriarchen symbolisieren Gottes Eigenschaften: Gnade, Macht und Größe."

Ob wahr oder nur gut erfunden – die Geschichte hätte sich jedenfalls so abspielen können. Reb Baruch blieb in den Spuren dieses Kindes, das offen seine Meinung sagte, einen namenlosen Schüler so abkanzelte, als sei er sein eigener schlechter Schüler. Und das in der Gegenwart des Bescht wagte, vom *Sohar* zu sprechen – erst drei Jahre alt.

Der kleine Baruch liebte seinen Großvater und sprach von ihm mehr als von seinen eigenen Eltern. Die Überlieferung erzählt, daß Rebbe Pinchas von Koretz sah, wie der kleine Junge über den Tod des Bescht weinte. Die Trauer des Kindes erschütterte ihn mehr als das tragische Ereignis selbst.

Baruch war zwar Rebbe Pinchas' Schüler, aber er hatte es versäumt, dessen Auffassung vom Reichtum zu lernen. Rebbe Pinchas pflegte zu sagen: „Was werde ich meinen Kindern hinterlassen, wenn ich einmal sterbe? All das Geld, das die Chassidim mir geben wollten und das ich zurückgewiesen habe." Rebbe Baruch dagegen nahm es an. Anders als Rebbe Pinchas und auch anders als sein älterer Bruder Reb Ephraim, fühlte er sich von irdischem Besitz angezogen.

Einmal wollte er gern erklären, warum er von seinen Anhängern Geld annahm: „Stell dir vor, du willst den König treffen. Aber der König ist an einem anderen Ort als du. Der König lebt unerreichbar in seinem Palast, Mauern und Zäune schirmen ihn ab, Posten, die an allen Toren stehen, bewachen ihn. Was tust du? Du bestichst die Wächter. Du beginnst bei denen, die draußen stehen, und bahnst dir so einen Weg ins Innere. Je näher du zum König kommst, desto wichtiger werden natürlich die Wachtposten und desto höher werden die Schmiergelder. Zaddikim sind Türhüter", sagte er, „sie sind bestechlich."

Weil er ein reiches Mädchen geheiratet hatte, hätte er es sich leisten können zu studieren. Aber er tat es nicht. Seine beiden Schwager, fromme und gebildete Männer, verwirrte sein Verhalten. Immer wenn sie studierten, schlief er. Immer wenn sie schliefen, spielte er. Schließlich waren sie so aufgebracht, daß sie sich bei ihrem gemeinsamen Schwiegervater beschwerten. Dieser beschloß, sie alle nach Mesritsch zu bringen. In der Kutsche wurde Reb Baruch von seinen Gefährten gedemütigt, indem sie ihn neben dem Kutscher sitzen ließen. Auf dem Rückweg hatte er plötzlich den besten Platz, denn der Maggid von Mesritsch hatte zu seinen empörten Besuchern gesagt: „Laßt Baruch in Ruhe! Er weiß, was er tut, und ich weiß es. Seine Spiele sind wichtig, wenn man sie nur entziffern kann. Ich kann es, er kann es, und Gott kann es."

Mit dem Maggid als Gönner und dem Bescht als Großvater konnte Reb Baruch nicht scheitern. Wie einen Prinzen behandelten ihn die chassidischen Meister und ihre Anhänger, die er mit seiner Jugend, seiner Ausgelassenheit und seinen Erinnerungen an den Bescht rührte.

Als er Rebbe wurde, ging er zuerst nach Tultschin. Warum nach Tultschin? Vielleicht wegen der Erinnerungen, die auf Tultschin lasteten? Es war Schauplatz von unbeschreiblichen Massakern während des Chmjelnizkij-Aufstandes gewesen. Reb Baruch wollte dort leben. Aber er blieb nicht lange. Ob die Erinnerungen ihn vertrieben? Oder die Mitnagdim, die Gegner des Chassidismus, die ihm das Leben mit dauernden Angriffen und Verleumdungen schwermachten?

Er ging nach Międzyborż, in die Stadt seines Großvaters. Warum dorthin? Vielleicht weil er dort von den Mitnagdim nichts zu befürchten hatte. Aber auch wegen des Namens: Międzyborż würde nun nicht nur mit dem Namen des Bescht verbunden sein, sondern auch mit seinem eigenen.

Von Besuchern, Schülern und Chronisten wissen wir viel über sein Leben dort. Sein Haus war nicht nach unseren Vorstellungen, wohl aber nach den ihrigen ein Palast. Er war von *Gaboim* und *Schamoschin*, Sekretären und Dienern, umgeben und prahlte am Sabbat, besonders aber während der Feiertage offen mit seinem Reichtum.

Er liebte seine Kinder, besonders hing er an einer etwas kränklichen Tochter. Wenn sie Medikamente brauchte, fuhr er immer selbst in die Stadt, um ihr die Medizin zu besorgen.

In seinem Haus waren die Frauen nie in die Küche oder in ein gesondertes Zimmer verbannt. Genauso war es auch im Hause seines Großvaters gewesen. War das Oudils Einfluß? Die Frauen nahmen in Międzyborż an den festlichen Mahlzeiten teil und saßen mit berühmten Gästen zusammen am Tisch, wogegen der heilige Seher ziemlich heftig protestierte. Zumindest der Anfang des Streites zwischen Rebbe Baruch und dem Seher von Lublin läßt sich auf die Anwesenheit von Frauen an Baruchs Tafel zurückführen. Als der heilige Seher nämlich zu Reb Baruchs Sabbatfeier eingeladen war, war er schockiert, dort auch die Frau und die Töchter des Meisters anzutreffen. Noch schlimmer fand er, daß sie sich sogar an der Unterhaltung beteiligten.

Eines Tages, als Rebbe Baruch gerade Dank sagte, indem er dreimal die Verse wiederholte *Wena al tazricheni elokenu lo lidej matnat bassar wedam* – „Möge ich nie von anderer Leute Geschenke abhängig sein!" –, unterbrach ihn seine Tochter Reisele: „Aber Vater", sagte sie, „ist denn das nicht dein Lebensunterhalt? Du willst, daß Gott die Menschen daran hindert, dir Geld zukommen zu lassen?" Reb Baruch antwortete: „Nur Gott gibt – aber Er gibt durch Boten."

Er hatte gern Gäste, und es machte ihm Spaß, sie mit Geschichten, Gleichnissen und Liedern zu unterhalten. Vor einem Fest pflegte er ihnen ein Stück Kandiszucker anzubieten. Eine symbolische Geste: Es gibt Gründe genug, sich umzubringen, aber zum Leben gehört auch die Süße, und Gott hat sie gewollt.

Eines Tages überraschte ihn Reb Mosche bei einem Streit mit seiner Frau: „Mach dir nichts draus", sagte Reb Baruch dem Besucher, „das ist so ähnlich, wie wenn der Allmächtige mit der Schechina, seiner göttlichen Gegenwart, uneins ist, alles geschieht dem *Tikun* zuliebe, es geschieht, um die Schöpfung zu verbessern und das Exil zu verkürzen."

In Międzyborż geschah es, dort ergriff die Melancholie Reb Baruch. Wir wissen nicht, wodurch sie ausgelöst wurde, wann sie das erste Mal bemerkt wurde. Alles, was wir wissen, ist, daß sie ihn eines Tages überfiel und ihn seither beherrschte, und selbst dies ist ungeklärt geblieben. Wie konnte jemand die chassidische Idee verkünden, ohne selbst die Botschaft der Freude anzunehmen? Wie konnte jemand beanspruchen, den Auftrag des Bescht fortzuführen, und gleichzeitig der Traurigkeit weichen? Wie konnte Reb Baruch ein chassidischer Meister sein und gleichzeitig die Schöpfung so zornig ansehen?

Ob er von seinen Kollegen so angefeindet wurde, weil er nicht den traditionellen Vorstellungen von einem Zaddik entsprach? Seit den Tagen des Bescht war es die Aufgabe eines Zaddik gewesen, zu lenken, zu trösten und als Beispiel zu dienen. Rebbe Baruch unterschied sich von den meisten Zaddikim in vielerlei Hinsicht, vielleicht in jeder.

Um ein Beispiel zu geben: Er beanspruchte, ihnen vorgesetzt zu sein, mehr noch: sie überwachen zu dürfen. „Rebbe Baruch klettert über unsere Köpfe in den Himmel", sagte Reb Scholem, der Enkel des Maggid von Mesritsch.

Und es stimmte, Reb Baruch demütigte die anderen chassidischen Meister. Er allein könne über das Erbe des Bescht verfügen, behauptete er; wenn es überhaupt möglich sei, könne allein er dies Erbe in den jüdischen Gemeinden von Podolien und darüber hinaus verbreiten.

Bescheidenheit war nicht gerade seine größte Tugend. „Meine Seele kennt alle Wege der Torah, alle Tore stehen mir offen." Einmal erzählte er einen Traum: „Viele Meister und Talmudgelehrte saßen um einen Tisch. Rabbi Schimon bar Jochaj hatte den Vorsitz. Er erfüllte unsere Herzen mit Furcht vor dem Himmel, weil wir Gott nicht genügend gedient hätten. Wir alle begannen vor Angst zu zittern. Da bemerkte Rebbe Schimon bar Jochaj auch mich. Er erhob sich, kam auf mich zu, legte die Hand auf meine Schulter und sagte freundlich: ‚Baruch, du brauchst dir keine Sorgen zu machen, ich meine nicht dich – du bist vollkommen.'" Ein anderes Mal sah man, wie Rebbe Baruch sich den *Sohar* ans Herz drückte und sagte: „Rabbi Schimon bar Jochaj, ich kenne dich, und du kennst mich."

Gleichzeitig brüstete er sich auch gern seiner Bescheidenheit. So sagte er zum Beispiel: „Wenn es nur tausend bescheidene Männer auf der Welt gäbe, gehörte ich zu ihnen. Gäbe es nur zwei, wäre ich einer von ihnen."

Kein Wunder, daß einige der übrigen Meister ihn nicht leiden konnten. Er stritt mit den meisten von ihnen, selbst mit dem großen Rebbe Schneur-Salman von Ladi, dem Gründer von Chabad, hatte er eine Auseinandersetzung. Dieser hatte es gewagt, Geld auch in Reb Baruchs Gebiet, in Tultschin, zu sammeln, um damit Gefangene freizukaufen. „Das ist doch ein Notfall", begründete Reb Schneur-Salman sein Tun. „Wir müssen jene Juden doch retten!" „Wenn du ein Zaddik bist", antwortete Reb Baruch, „rette sie mit deinen Gebeten, nicht mit Geld!"

Sogar sein eigener Neffe, Rebbe Nachman von Brazlaw, der genug eigene Feinde hatte, stellte sich gegen ihn. Einige Rebben erörterten und bestritten Rebbe Baruchs Größe, aber es war ihnen bald schon unangenehm. Und man kann leicht verstehen, warum: er stellte nun *ihre* Größe in Frage.

Es gab auch noch einen anderen Grund für seine Unbeliebtheit. In diesen Jahren bemühten sich Schüler des Maggid von Mesritsch in hunderten verstreuten Gemeinden zwischen dem Dnjepr und den Karpaten, das jüdische Leben überall von Grund auf neu zu gestalten. Sie widmeten sich den verzweifelten und vergessenen Dorfbewohnern auf ihre Art: sie teilten ihre Last und ihr Elend, sie nahmen die Phantasie zu Hilfe, um die Armen aus ihrer elenden Lage herauszuholen. Eine schmale Baracke wurde plötzlich zum Heiligtum, einfache Worte verwandelten sich in feierliche Litaneien. Diese neuen Meister hatten Erfolg, weil sie *mit* ihren Anhängern zusammen lebten und ihnen so halfen, Armut durch Glauben und nur durch Glauben zu besiegen. Nur ein Rebbe wollte anders sein. Und war es auch.

Wie etwas später der Ryshyner kleidete sich Reb Baruch wie ein Prinz, benahm sich wie ein Prinz und sprach wie ein Prinz. Er war der erste Rebbe, der sich offen mit Zeichen von Macht und Privilegien schmückte und dies auch noch aus der chassidischen Lehre begründete. Er war der erste, der unterstrich, daß die Rolle des Zaddik einiges mit *malkut,* dem Königtum, gemeinsam habe. Seine Mahlzeiten sollten königliche Gelage sein, sein Haus ein königlicher Hof. Eines Tages besuchte Reb Baruch seinen Bruder, Reb Ephraim, und sah, welche Armut in diesem Haus herrschte. Reb Ephraim hatte Leuchter, die aus Lehm statt aus Silber gefertigt waren. „Sei nicht traurig", sagte Reb Ephraim, „das Licht ist doch dasselbe." Kurz darauf schenkte Reb Baruch seinem Bruder ein Paar silberne Kerzenleuchter. Als er ihn wieder einmal besuchte, konnte er sie nirgends entdecken.

„Wo sind sie?" wollte er wissen.

„Beim Pfandleiher", antwortete Ephraim, „ich brauchte Geld."

„Und das bedrückt dich nicht?" fragte Reb Baruch.

„Nein", sagte der Bruder, „ich will dir sagen, warum. Es ist mir lieber, ich bin zu Hause und meine Silbersachen woanders, als umgekehrt."

Sollte das ein kritischer Wink sein? Vielleicht, wenn es auch nicht zu ihm zu passen scheint. Reb Ephraim, der ältere Bruder, war ein freundlicher, sanfter und bescheidener Mann, der niemanden verletzte und niemals seinen Bruder hätte kränken wollen. Reb Ephraim war so anspruchslos, daß er in seinem wichtigen Buch, *Degel machnej ephraim,* „Flagge des Feldlagers Ephraims", sich damit begnügte, nur den Bescht und dessen unmittelbaren Schüler zu zitieren, fast nie sprach er in eigenem Namen. Aber Reb Baruch hat ihn offensichtlich beneidet, denn er bemerkte einmal: „Ich habe kein Buch geschrieben. Gott sei Dank!"

Dem geschriebenen Wort mißtraute er ebenso wie dem gesprochenen Wort. Er war überhaupt mißtrauisch.

Als er älter wurde, wurde er ruhelos und launisch. Er kam sich überall fremd vor, selbst in seinem eigenen Haus. Entwurzelt und entfremdet, fühlte er sich in seinem Herrschaftsanspruch bedroht. Seine fixe Idee war: Alle Menschen sind Fremde in der Welt. Und auch Gott ist im Exil. Er wohnt als Fremder in seiner eigenen Schöpfung. Eines Tages sagte Reb Baruch zu seinen Schülern: „Stellt euch einen Menschen vor, den man aus seiner Heimat vertrieben hat. Er kommt an einen Ort, wo er keine Freunde hat, keine Verwandten. Sitten und Sprache des Landes sind ihm nicht vertraut. Natürlich fühlt er sich allein, schrecklich allein. Plötzlich sieht er einen anderen Fremden, der auch niemanden kennt, an den er sich wenden könnte, der auch nicht weiß, wohin er gehen könnte. Die beiden Fremden treffen sich und lernen sich kennen. Sie unterhalten sich und gehen eine Zeitlang den Weg gemeinsam. Mit ein wenig Glück könnten sie sogar gute Freunde werden.

Das ist die Wahrheit über Gott und den Menschen: Zwei Fremde, die versuchen, Freundschaft zu schließen."

Welch bedrückende Vorstellung vom Menschen und seiner Beziehung zu Gott! Kein Wunder, daß viele Meister sie ablehnten – und zugleich auch den Rebbe Baruch. Sie hätten ihn schon allein aus den bisher genannten Gründen bekämpfen können. Warum taten sie es nicht? Nur aus Respekt für seinen Großvater? Sicher spielte er eine Rolle, aber sie achteten auch den Enkel. Sie mochten mit seinen Methoden nicht übereinstimmen, aber sie mußten doch anerkennen, daß er die Bewegung zu leiten verstand. Also hatten sie Angst, Angst vor seinem finsteren Blick, Angst vor seinen düsteren Wutausbrüchen.

Zorn – wurde sein besonderes Zeichen, sein Kennzeichen. Seine Fähigkeit, grob zu sein, war genauso groß wie die der anderen Meister, freundlich zu sein. Diese wollten ihre Anhänger glücklich machen, er beschimpfte die seinen. Jene suchten Streit zu schlichten, er wollte ärgern. Trotzdem ließen sich seine Freunde nicht entmutigen. Sie hielten noch fester zu ihm. Er konnte noch so zornig sein, seine Anhänger hielten ihn nur für um so gutmütiger. Sie hielten seine Flüche für Segenssprüche, was ihn nur noch wütender machte.

Ständig mißverstanden, quälte er andere. Warum? Bedrückte ihn das, was in der Welt geschah, das, was der Welt geschah? Internationale Politik ließ ihn unberührt. Er mischte sich nicht in die Angelegenheiten Napoleons oder des Zaren und erwartete, daß niemand sich in seine einmischte. War es das Geschehen innerhalb der jüdischen Welt, was ihn so traf? Vielleicht. Der Krieg zwischen den Chassidim und ihren Gegnern ging ihm sicher nahe. Aber am meisten beschäftigte ihn alles, was innerhalb der chassidischen Welt geschah.

Wie sein Großvater, der Bescht, hatte Reb Baruch begriffen, daß man, um die Welt zu bessern, zuerst sich selbst bessern müsse. Wenn Gott nicht in mir wohnt, wessen Schuld ist das denn? Habe ich ihm denn eine Wohnung bereitet, die seiner Herrlichkeit würdig ist?

Oft war Reb Baruch von Zweifeln verfolgt. Der Bescht war so groß, so stark, so einzigartig, und er, Reb Baruch, war sein Nachfolger. Schlimmer noch: Der Bescht war so majestätisch – und andere erhoben den Anspruch, seine Nachfolger zu sein. Wie konnte er da ruhig bleiben? Seltsam, der Weg des Enkels wich in so vielem von dem des Großvaters ab. Ob der Bescht wohl gewünscht hätte, daß der Enkel seine Gemeinde so führte: in Schwermut? Voller Zorn?

Man kann das alles nicht recht verstehen, aber bisher scheint sich auch noch niemand um Verständnis bemüht zu haben. Nie wurde der Versuch gemacht, Reb Baruchs launische Ausbrüche, seine Depressionen zu erklären. Die Leute gingen ihm lieber aus dem Weg, als daß sie ihn kritisiert oder ihm ihre Meinung gesagt hätten. Vielleicht wagten sie nicht, sich dem Enkel des Bescht, dem Sohn Oudils, entgegenzustellen, einem Meister, der jeden Morgen die Tephillin des Bescht anlegte.

Aber wir müssen es noch einmal betonen: Reb Baruch war ein bedeutender Mann. Sein Glaube bestimmte sein Leben, in dem er seine Träume wach verfolgte. Er hätte ein friedliches Leben voller Ehren führen können und sich auf seinem herrlichen Erbe ausruhen können. Aber er wies diesen bequemen Weg zurück und ging lieber den neuen, gefährlichen Pfad, indem er sich selbst in Frage stellte. Als Enkel des Bescht hätte er alles, was ihm gegeben war, für sich behalten können, aber er setzte lieber alles aufs Spiel und ging die Gefahr ein, sich jeden zum Feind zu machen.

Er verabscheute das behagliche Leben eines Zaddik. Er rebellierte dauernd, ohne eigentlich zu wissen gegen wen oder gegen was. Und gerade deswegen wirkt er auf uns so ergreifend menschlich, großartig und auch anregend. Hören wir einige Geschichten:

Rabbi Mosche von Sawran kam nach Międżyborż, um dort den Sabbat zu verbringen. Nach dem Gottesdienst schritt Reb Baruch im Raum auf und ab und sang *„Schalom alejchem"*. So begrüßte er die Friedensengel, die das Sabbatlicht und die Sabbatruhe auf ihren Flügeln bringen. Dann sprach er leidenschaftlich wie immer das Gebet *Ribon kol haolamim* – „Dank sei Dir, Herr aller Welten, für Deine großzügigen Geschenke, für die, die ich bereits erhalten habe, und die, die noch kommen..." Plötzlich brach er ab und sagte mit lauter Stimme: „Warum danke ich Dir jetzt für die Geschenke, die noch kommen?" Er wiederholte die Frage mehrmals und begann zu weinen.

„Warum weint der Rebbe?" wunderte sich Rebbe Mosche von Sawran. „Wegen der Antwort?"

„Ja", sagte Rebbe Baruch.

„Und wie heißt die Antwort?" fragte der Schüler.

„Hier ist sie", sagte Rebbe Baruch. „Wir sollen ihm *jetzt* für alle die Geschenke danken, die noch kommen werden, weil es sein könnte, daß wir, wenn wir sie erhalten, es nicht mehr können." Und wieder begann er zu weinen.

„Warum weint der Rebbe?" fragte der Schüler wieder. „Wegen der Antwort?"

„Ja, wegen der Antwort", sagte Rebbe Baruch, „ich denke an die Zukunft, die sich – so Gott will – für mich als gut erweisen möge – aber was wäre, wenn ich dann unfähig wäre, Gott zu danken? Wie könnte ich ohne Dankbarkeit überhaupt leben?"

Später fügte er hinzu: „Siehst du, die Frage war so gut wie ihre Antwort. Und beide bringen mich zum Weinen."

Aber an einem anderen Sabbat, als er einen Gast aus Jerusalem hatte, sah er diesen lange an und fragte ihn dann: „Bist du traurig?"

„Ja", sagte der Gast, „ich bin traurig, ich kann nichts dagegen tun, ich bin zu viel herumgekommen, habe zu viel gesehen, zu viel erlebt."

„Aber es ist Sabbat, mein Freund, im Moment reist du nicht und mußt auch nicht zusehen, wie irgend jemand leidet."

„Aber ich muß dauernd daran denken."

„Dann befehle ich dir, deine Traurigkeit abzuschütteln!" Und nach einer Weile fügte Rebbe Baruch noch hinzu: „Komm, ich will es dich lehren!"

Einer seiner Aussprüche war: Gott und die Liebe des Menschen zu Gott haben etwas gemeinsam: Sie sind grenzenlos.

Ein anderer: Die Menschen passen so gut auf, um nicht aus Versehen eine lebende Ameise zu verschlucken. Aber ihre Mitmenschen zu verschlingen, dazu sind sie bereit.

Und: Der Mensch ist ein Gefäß, das alles in sich aufnimmt, was sein Besitzer in es hineingießt, sei es Essig oder Wein.

Im Festglanz erscheint die Welt denen, die sie wunschlos betrachten. Aber finster und trübe kommt sie denen vor, die sie besitzen wollen.

Er sagte: Ich habe Angst vor den Kosaken. Einer reicht, um mich zu erschrecken, zehn würden mir einen noch größeren Schrecken einjagen und tausend einen tausendfach größeren. Und trotzdem – sie würden mich immer noch weniger erschrecken als die kleinste Sünde, die ich begehen könnte.

„Sag irgend etwas", flehte der heilige Seher von Lublin bei ihrer denkwürdigen Begegnung ihn an. „Überall heißt es, du könntest so gut sprechen. Bitte, Rebbe, sprich, sag doch irgend etwas! Ich würde so gern deine Worte mit mir nehmen, wenigstens eins. Du redest doch so schön, kannst du nicht mehr sprechen?"
„Nein", sagte der Rebbe, „eher würde ich verstummen als ‚schön' zu reden."

Rebbe Levi Jizchak von Berditschew, der den Frieden liebte und gern Frieden stiftete, schaffte es trotzdem, auf Rebbe Baruchs „Schwarzer Liste" zu erscheinen.
Vielleicht hatte das etwas damit zu tun, daß Reb Levi Jizchak einmal zwei Boten ausgesandt hatte, die ihm über Reb Baruchs Lebensstil berichten sollten: Studierte er den Talmud? Beachtete er alle Gesetze der Torah? Stimmte es, daß er die Gedanken anderer Menschen lesen konnte?
Die Boten brachten ihren Bericht zurück, und die Antwort lautete auf alle drei Fragen: Ja. Ja, Reb Baruch konnte die Gedanken anderer Menschen lesen. Und er bewies es. Er sagte den Boten: „Geht und sagt dem Rebbe von Berditschew: ‚Gott sieht und verzeiht alles. Ich dagegen sehe und vergebe nicht.'"

Aber eigentlich stimmte das nicht. – Reb Baruch verzieh Reb Levi Jizchak. Die beiden Meister schätzten und achteten sich uneingeschränkt. Und ein Küster in Berditschew könnte das bestätigen.
Paßt auf: Reb Baruch hörte von einem *Mitnaged* in

Berditschew, der unglücklicherweise ein guter Talmudgelehrter war und seine Belesenheit natürlich dazu verwandte, um Reb Levi Jizchak das Leben schwerzumachen. Er unterbrach dessen Unterricht, machte Reb Jizchaks Predigten lächerlich, kurz: er war so unerträglich, wie selten ein gelehrter *Mitnaged* sein kann.

„Laß ihn zu mir kommen, danach wird er schon Ruhe geben", sagte Reb Baruch.

Jemand erzählte dem Mitnaged davon, der dies öffentlich wiederholte. „Gut", sagte er anmaßend. „Ich werde hingehen und ihn treffen. Wer ist er überhaupt? Was ist er? Was ist seine Stärke?" „Der Sohar", sagte man ihm. „Gut", meinte er und begann, den Sohar zu studieren, Seite für Seite, Kapitel für Kapitel, er wühlte sich durch Kommentare und Kommentare zu den Kommentaren. Bis er sich eines Tages gewappnet fühlte. Und er ging nach Międzyborż, gerüstet mit einer schwierigen Passage des Sohar, die für Reb Baruch bestimmt war, um ihm gleich eine Falle zu stellen. Zu seiner Überraschung traf er den Meister beim Lesen des Sohar an, genau auf der Seite, die *er* ihm hatte öffnen wollen.

„Du wirkst erstaunt", sagte der Rebbe. „Was macht dir Kopfzerbrechen, daß ich Sohar studiere oder daß ich dich dazu brachte, dich in den Sohar zu vertiefen?" Und ohne dem *Mitnaged* Gelegenheit zu einer Antwort zu geben, fuhr er fort: „Normalerweise lernst du Talmud, nicht wahr?" „Stimmt." „Und du kennst ihn?" „Ja", sagte der Besucher.

Und der Rebbe erzählte ihm folgende Geschichte: „Kennst du die Legende von dem Licht, das über dem Kopf eines jeden Kindes scheint, bevor es geboren wird? Dieses Licht befähigt es, die ganze Torah zu lernen und zu erfassen. Aber eine Sekunde, bevor es in die Welt kommt, erhält das Kind von seinem Schutzengel einen

Klaps. In seiner Angst vergißt es alles, was es gelernt hat, Nun, da gibt es einiges in der Geschichte, was man nicht verstehen kann. Wozu lernt man, wenn man nachher alles wieder vergißt? Weißt du, warum?"

Der Besucher blieb stumm.

„Nein? Laß mich es dir erklären. Es geht darum, den Menschen zu lehren, wie wichtig die Vergeßlichkeit ist, weil auch sie von Gott gegeben ist. Wenn ein Mensch bestimmte Dinge nicht vergessen müßte, wenn er die vergangene Zeit und zugleich den nahenden Tod erinnern müßte, könnte er nicht als Mensch unter seinesgleichen leben. Er würde sein Feld nicht mehr länger bestellen, er würde nicht mehr länger ein Haus bauen, hätte keine Kinder mehr. Um ihm das Leben zu ermöglichen, gab der Engel ihm die Vergeßlichkeit. Aber, sag, was geschieht, wenn der Engel vergißt, dich vergessen zu lassen?" Rebbe Baruch sah den Besucher an und wartete, bevor er fortfuhr: „Wenn er es vergaß – kann ich es noch immer für ihn tun."

Und weil der gelehrte Mitnaged sein Wissen gegen einen Mitmenschen verwandt hatte, bestrafte ihn der Rebbe. Der Mitnaged vergaß alles, was er jemals gewußt hatte, und wurde ein einfacher Diener in der Synagoge, wo Levi Jizchak von nun an sprechen und lesen konnte, ohne Störungen oder Unterbrechungen befürchten zu müssen.

Eine andere Geschichte:

Rebbe Baruchs Enkel Jechiel kam in Tränen aufgelöst in die Lehrstube des Meisters gerannt.

„Jechiel, Jechiel, warum weinst du?"

„Mein Freund ist gemein! Er ist unfair! Er hat mich ganz allein gelassen, darum weine ich!"

„Willst du mir das nicht von Anfang an erzählen?"

„Sicher, Großvater, wir haben Verstecken gespielt, ich

mußte mich verstecken, und er war dran, mich zu suchen. Aber ich hatte mich so gut versteckt, daß er mich nicht finden konnte. Da hat er aufgegeben, er hörte einfach auf, mich zu suchen, und das ist unfair."

Reb Baruch begann, Jechiels Gesicht zu streicheln, und ihm selber traten Tränen in die Augen. „So ist es auch mit Gott, Jechiel", flüsterte er leise. „Stell dir Seinen Schmerz vor. Er hat sich versteckt und die Menschen suchen Ihn nicht. Verstehst du, Jechiel? Gott versteckt sich, und der Mensch sucht Ihn nicht einmal."

Weil er über Gott genauso wie über den Menschen weinte, mußte Reb Baruch in Melancholie versinken. Wie andere chassidische Meister vor ihm und nach ihm wußte auch er, daß das Geheimnis der Erlösung in der Vereinigung von Schöpfer und Geschöpf liegt. Aber was wäre, wenn der Schöpfer und seine Schöpfung sich immer fremd blieben? Reb Baruchs Verzweiflung war tief und erfaßte sein ganzes Leben. Gottes Strenge ängstigte ihn weniger als die Trennung von Gott. Mag Gott unser König, unser Vater, ja selbst unser Richter sein, solange er sich nur nicht von uns abwendet!

Vielleicht war *dies* das Geheimnis von Rebbe Baruchs Angst und Zorn: Was ist, wenn ich mich irre? Wenn Gott sein Gesicht für immer versteckt, weil die Menschen so dumm sind? Und was, wenn der Bescht und seine Verbündeten gar nicht die Kraft haben, Gott und Mensch einander näher zu bringen? Und was, wenn sie unfähig wären, das Volk Israel vor neuen und alten Gefahren zu schützen? Und wenn schon der Bescht machtlos war, was konnte sein Enkel überhaupt tun? Welche Hoffnung blieb ihm noch?

Die Leute kamen zu ihm und flehten ihn an, er möge für

sie im Himmel Fürsprache einlegen. Sie kamen mit Bitten um Wunder, und er antwortete mit Zornausbrüchen. Er war gegen Wunder. Als der Prophet Elias am Berg Karmel Wunder wirkte, rief das Volk: *„Adoschem hu Haelohim –* Seht! Gott ist wirklich Gott!" Reb Baruch sagte: „Der Prophet war groß – und auch das Volk, denn es schrie nicht: ‚Seht! Wunder! Wunder!' sondern: ‚Seht! Gott ist Gott!' Sie ließen die Wunder außer acht."

Aber Reb Baruchs Anhänger wollten Wunder. Was hätte er tun können? Levi Jizchak ergriff Partei *für* sein Volk – und gegen Gott. Anders Rebbe Baruch. Daher sein Zorn gegen sich selbst, gegen die Situation, in der er sich vorfand, und gegen seine Anhänger, die ihn zwangen, Partei zu ergreifen. Mit seinem Zorn gegen seine Gefährten wollte er deren Wut herausfordern. Ja, er wollte, daß sie zornig wurden, und wollte, daß ihr Zorn sich zuerst gegen ihn richtete.

Er wußte, was Schwermut, Traurigkeit und Verzweiflung ist. Er litt so sehr, daß man einen berühmten Narren, einen *Schochet* namens Herschele Ostropoler, anstellen mußte; der sollte ihn aufheitern. Arm, ohne einen Pfennig Geld hatte Herschele einen beißenden Humor. Ständig mußte er seine Stellung wechseln, denn in allen Gemeinden, die ihn angestellt hatten, machte er sich Feinde. Hunderte von Geschichten über seine spitze Zunge und seine Schlagfertigkeit machten die Runde.

Eines Tages beklagte sich seine Frau: „Die Kinder haben nichts mehr zu essen. Sieh zu, daß du etwas Brot für sie besorgst!" Herschele ging auf den Marktplatz. Er hielt eine Peitsche in der Hand und rief: „Wer will mit nach Shitomir – zum halben Preis?" Statt die Kutsche zu nehmen, scharten sich einige Leute um ihn, denn sie hofften, die Hälfte des Fahrgeldes sparen zu können. Er ließ sie bezahlen und sagte: „Folgt mir!" Er führte sie aus der Stadt, immer weiter. Auf halbem Weg fragten die Reisenden: „Herschele, wo sind die Pferde?"

„Wer hat etwas von Pferden gesagt?" fragte er. „Ich sprach vom halben Fahrpreis!"

Später sagte er zu seiner Frau: „Es ist nur wichtig, eine Peitsche zu haben, Pferde werden sich dann schon finden."

Eines Tages weckte ihn seine Frau: „Herschele, hör! Da sind Diebe im Haus!" „Wirklich?" sagte Herschele. „Wenn sie irgend etwas Wertvolles finden, haben *wir* Glück gehabt."

Eines Tages trug Reb Baruch Herschele auf, die Kerzen anzuzünden, denn es war dunkel im Raum. Der Narr steckte eine Kerze an. „Herschele", schalt der Rebbe, „eine Kerze reicht nicht! Ich kann nichts sehen!" Am nächsten Tag zündete Herschele mehr als eine an, mehr als zehn, mehr als dreißig, er hört gar nicht mehr auf, Kerzen anzuzünden. „Herschele, Herschele", schalt der alte Rebbe erneut. „Warum willst du, daß ich geblendet werde?"

„Ich verstehe dich nicht mehr", sagte der Narr. „Gestern warst du gegen Dunkelheit, heute bist du gegen Licht."

Und Reb Baruch brach in Lachen aus: „Herschele", sagte er, „du willst *mich* lehren, wann ich mich ärgern soll?"

Mit seinen Geschichten und geistreichen Aussprüchen brachte der Narr den Rebbe zum Lachen, konnte ihn aber ebenso ärgerlich machen. Denn Herschele war in der klassischen Art eines Narren respektlos und sagte dem Rebbe

Dinge, die dieser nicht gern hörte. So unverfroren war Herschele, daß er schließlich – wie eine chassidische Quelle berichtet – bei einer Gelegenheit zu weit ging... und der Rebbe wurde sehr wütend... und befahl seinen Anhängern, den Narren hinauszuwerfen. Und Herschele – gebrochen und krank – kam nie zurück.

Auch Herschele war eine tragische Figur, ebenso tragisch und genauso verschlossen wie sein Meister. Alles, was der Rebbe mit Zorn erreichen wollte, versuchte Herschele mit seinem Lachen zustande zu bringen.

Wieder und wieder stolpern wir über das Wort Zorn. Er beherrschte die letzten Lebensjahre des Rebben. Einmal erklärte Reb Baruch sein Verhalten, indem er auf eine Stelle im *Sohar* verwies, die von einem Zorn spricht, der von Himmel und Hölle gepriesen und *„Baruch"* (gelobt, gesegnet) genannt wird. An Reb Baruchs Totenbett fanden seine Anhänger den *Sohar* genau auf dieser Seite geöffnet.

Er versuchte, zu erklären, andere nicht. Sie schienen sich nicht einmal um seine Erklärungen zu kümmern. Tun wir's? Eigentlich nicht. Wir versuchen, ihn zu verstehen und ihn zu lieben. Andere haben ihm seine Vorliebe für Luxus und Macht vergeben, wir verzeihen ihm seinen Zorn. Vielleicht wollte er uns etwas über den Zaddik lehren: daß ein Zaddik nämlich, auch wenn er geehrt und gefürchtet werden soll, doch nach menschlichen Maßstäben zu beurteilen ist. Der Zaddik ist menschlich und muß es sein. Auf Kosten der Menschlichkeit läßt sich wahre Größe oder wahre Heiligkeit nie erreichen. Seine eigene Schwäche zu leugnen ist bereits eine Schwäche. Der Zaddik ist kein Engel, kein himmlischer Heiliger, der Zaddik ist nur einfach noch menschlicher als seine Anhänger, und darum ist er ihr Führer.

Natürlich wurde diese Idee vom Bescht geboren, aber Reb Baruch vollendete sie. Der Bescht sagte: „Es gab einmal eine Zeit, da versuchten wir, Gott durch Lernen, Beten, Fasten und Kontemplation näher zu kommen, wir versuchten es, indem wir uns selbst erniedrigten, aber ich möchte gern einen neuen Weg eröffnen, einen Weg, der die Menschen fähig macht, sich Gott durch Liebe zu nähern, durch Liebe zu Gott, durch Liebe zur Torah und Liebe zu Israel."

Vielleicht erkannte sein Enkel, Reb Baruch, ganz plötzlich, daß Liebe allein nicht ausreicht, das Leben seines Volkes zu sichern. Nicht in einer Welt ohne Liebe, die voller Gewalt steckt und überfüllt ist von Menschen, die sich alle fremd sind. Vielleicht dachte er, ein gewisses Maß an Zorn sei für das Volk Israel unentbehrlich. Daher seine Traurigkeit, seine Verzweiflung: Wie sollte man denn nicht verzweifeln über eine Welt, in der es keine Erlösung ohne Zorn geben kann?

Der Schlüssel zu seinem Rätsel liegt vielleicht in seiner ungeheuren Begeisterung für das *Schir-Haschirim*, das Hohelied. Was ist das Lied der Lieder? Ein Liebeslied? Natürlich – ein erhabenes Lied der Liebe, einer unglücklichen Liebe, voller Melancholie und Sehnsucht. Es ist ein Lied vom endlosen Warten, von einer Treue ohne Ende. Majestätisch und rührend, ist es doch von Tragik gezeichnet. Das Paar bleibt getrennt, auseinandergerissen: Gott wartet auf Israel, während Israel auf Gott wartet, der seine Schechina sucht, welche Israel folgt. Und Israel leidet mit Gott, manchmal für Gott, immer aber um Gottes willen.

Und dennoch: jenseits der Traurigkeit und noch unter der Verzweiflung – da *ist* Liebe, und dort wird es sie immer geben. Ohne eine solche Liebe, die sich stets selbst überschreiten will, wäre das Leben des Menschen nicht weniger tragisch, aber es wäre weniger erhaben – und deshalb auch leer und sinnlos.

Eine romantische Idee? Aber befinden wir uns nicht im 19. Jahrhundert? An der Schwelle der Romantik mit ihren verzweifelten Anstrengungen und Träumen, ihren Tränen, aufschreiend unter Schmerzen.

Rebbe Baruch starb 1811. Hinterlassen hat er uns sein Lied der Lieder, nicht seinen Zorn. Vielleicht war dieser nur eine Maske, die seine leidenschaftliche Liebe zu seinem Volk zugleich offenbarte und verbarg?

Je mehr man über seine Aussprüche nachdenkt, über seine Geschichten, sein Leben, um so mehr Schönheit entdeckt man an diesem Mann. Plötzlich versteht man, daß er besser als seine Zeitgenossen, und auch besser als wir, begriffen hat, wie schwer und beängstigend Fragen auf einem Menschen lasten können. Er hatte besser als wir alle verstanden, daß man Fragen nicht ausweichen, seinen Blick nicht von der Hölle abwenden darf. Erinnern wir uns noch einmal an die Geschichte, die wir eingangs erzählt haben. Man muß durch die Tore hindurchgehen, der Wahrheit unmittelbar gegenüberstehen und standhalten. Und der Verzweiflung in die Augen sehen. Es hat nichts zu sagen, wenn du in deiner eigenen Angst gefangen bist. Allein... Auch wenn du vielleicht ein Gefangener bleiben wirst: Bleibe nicht allein! Ein Chassid ist niemals allein, selbst wenn es der Zaddik ist.

Darin lag die Schönheit von Rebbe Baruch: Wenn er vom Glauben sprach, war der Glaube nicht mehr das Gegenteil von Angst, sondern Teil der Angst. „Der Glaube und die

Hölle liegen nebeneinander", sagte er seinem Schüler. „Ich meine sogar, eines liegt *im* anderen. Wahrer Glaube beginnt erst mit seiner Anfechtung."

Am Ende haben wir von seinen Geschichten gelernt, daß sich Liebe und Zorn miteinander vereinbaren lassen, wenn sie nur beide begründet sind in der Sorge für Israel.

Zugegeben, wir sind alle Fremde unter der Sonne. Zugegeben auch: Gottes Wege sind nicht immer verständlich, nicht immer erträglich. Aber kann das ein Grund für uns sein, einen Schüler im Stich zu lassen, wenn er der Einsamkeit, einer Gefahr oder dem Tod ausgesetzt ist?

Wunderbarer Reb Baruch. Er verließ die heitere Ruhe seines Palastes, die Bequemlichkeit seines Glaubens, um einen jungen Menschen zu retten, indem er ihm half, die eigene Angst zu überwinden und noch an den eigenen Zweifeln zu wachsen. Bewundernswerter Reb Baruch, der beschloß, um einem Schüler beizustehen, mit diesem Schüler dieselben Tore zu öffnen, sich denselben Gefahren auszusetzen, sich demselben Abgrund zu nähern und von den gleichen Flammen versengt zu werden.

Er setzte nicht nur sein Leben für einen anderen aufs Spiel, sondern auch seinen Glauben. War er zornig? Natürlich! Er war zornig, weil er sich Sorgen machte, weil er, selber betroffen und aufgewühlt, für jeden da war, der sich nach einem Menschen sehnte.

Was hat er dem jungen Studenten gesagt?

„Ich weiß, es gibt Fragen, die haben keine Antworten, es gibt namenloses Leid, und es gibt Unrecht in Gottes Schöpfung. Es gibt Gründe genug für einen Menschen, vor Wut zu platzen. Ich weiß, es gibt Gründe für deinen Zorn. Gut! Laß uns zornig sein. Gemeinsam."

Mitreißender Traum der Verwandlung: Der Heilige Seher von Lublin

Hier folgt eine der rätselhaftesten Episoden, von denen die chassidische Literatur überhaupt erzählt. Immer noch scheuen sich Geschichtsschreiber und Geschichtenerzähler, sie zu erklären oder gar aufzuklären.

Das Jahr: 1814. Der Schauplatz: Lublin.

Im Lehrhaus nehmen die Chassidim – junge und alte, gelehrte und ungelehrte, Gastwirte und Reisende – an der traditionellen Feier des Torahfreudenfestes teil.

Zu Hunderten sind sie gekommen, über Berge und Flüsse, viele Grenzen haben sie überschritten, viele Hindernisse überwunden, nur um heute nacht hier zu sein.

Das Beit Midrasch hat noch nie solche Massen und solche Begeisterung gesehen. Mit ihrem alten Meister, dem heiligen Seher von Lublin, in ihrer Mitte vergessen die Schwachen ihre Schwachheit, spüren die Alten ihr Alter nicht mehr. In dieser Nacht sind die Armen weniger arm, denken die Kranken nicht mehr an ihre Krankheit. Heute nacht ist jeder Kummer verboten.

Alle, die gekommen sind, umringen ihren Meister und singen und tanzen wie in Ekstase. Wie er, nein mit ihm zusammen heben sie die heiligen Torahrollen höher und höher – als ob sie ihnen folgen wollten – als ob sie *ihm* folgen wollten – und genau das tun sie auch. Er trägt sie fort, weit fort. Sie vertrauen ihm. Was macht es schon, wenn sie den Ausgang oder das Ziel seines geheimen Planes nicht kennen. *Er* kennt es, und das sollte genug sein (und ist es auch). Jetzt kommt es nur darauf an, da zu sein. Hat der Meister sie nicht gelehrt, daß ein begeistertes Gefühl dort erfolgreich ist, wo der Verstand versagt? Heute sind alle von Begeisterung erfüllt.

Jetzt fühlen sie es alle: Diese Feier ist anders als alle anderen. Jedes Wort hallt in höheren Sphären wider, jeder Impuls findet ein Echo in unsichtbaren Palästen, dort oben im Himmel, wo Israels Schicksal und das aller Menschen entschieden wird.

Noch kurz vor dem Fest hatte der Seher Boten zu Freunden und Schülern gesandt und sie dringend gebeten, dieses *Simchat-Torah*-Fest vor allen anderen auszuzeichnen, indem sie es mit besonderer Freude feierten. „Ich bitte dich um einen Gefallen", sagte er zu seinem alten Freund Reb Israel, dem Maggid von Koschnitz. „Freue dich an diesem Fest, laß dich selbst einfach gehen, laß deine Seele los – vielleicht erhebt sie sich in die höchsten Sphären!"

Und vor seiner eigenen Gemeinde, die aus seinem ganzen Königreich zusammengekommen war, wiederholte er immer und immer wieder: „Trinkt und feiert – das ist ein Gebot! Und wenn eure Ekstase nur rein genug ist, anstekkend genug, dann wird sie anhalten, das verspreche ich euch."

Trotz seines hohen Alters und ungeachtet seiner Erschöpfung leitet er selbst voller Kraft erstaunlich lebendig die versammelte Gemeinde. Es sieht so aus, als wolle er die ganze Schöpfung aus der Dunkelheit zur Erlösung führen.

Ja, nun ist es jedem klar: Diese Feier wird außergewöhnlich sein, sie ist dazu bestimmt; die Zukunft des Menschen hängt von ihr ab: Laß Israel durch Freude zur Vollendung gelangen, dann werden die Menschen vergessen können, was Angst ist.

„*Ssissu wessimchou bessimchat-Torah*", befiehlt der Meister, und die Chassidim gehorchen. Sie überlassen sich ganz ihren Gefühlen, bis sie nichts und niemanden mehr wahrnehmen. Und so bemerken sie nicht, daß der Meister sich von der Menge losreißt und sich langsam, still zur Tür hin bewegt. Immer noch unbeobachtet, öffnet er sie und zieht sich in sein privates Studierzimmer zurück. Er bleibt dort allein, während unten die glücklichen, übermütigen Chassidim weiterfeiern, wie er es ihnen gebot.

Niemand weiß, was er dort tat, und niemand weiß, was dort tatsächlich geschah. Wir wissen nur, daß die Rebbezin auf einmal einen merkwürdigen Lärm hörte, der aus dem Zimmer des Sehers kam, Geräusche, die sich anhörten, als ob ein Kind weinte. Sie eilte in das Zimmer und schrie vor Angst: es war leer.

Unten hatten die Chassidim den gellenden Schrei gehört. Und für eine Sekunde erstarrten alle in Schweigen. Dann hörten sie, wie die Rebbezin ausrief: „Er hat mir noch gesagt, ich solle ein Auge auf ihn halten – nun ist er fort, einfach fort. Man hat ihn geraubt!"

Geraubt? Wer? Warum? Wohin? Die Rebbezin wußte es nicht, sie behauptete aber, gräßliche große Hände gesehen zu haben, die den Rebbe aus dem Fenster gezerrt hätten. Das war alles.

Diejenigen, die dabei waren, werden diese Nacht nie vergessen. Jeder lief auf die Straße. Die Nacht war dunkel, undurchdringlich. Minuten vergingen. Nichts. Der Rebbe war wie vom Erdboden verschluckt.

Stunden vergingen. Noch immer nichts.

Plötzlich vernimmt ein gewisser Rebbe Elieser von Chmelnik im Schatten, fünfzig Fuß vom Lehrhaus entfernt, ein schwaches Stöhnen. Als er näher kam, sah er einen Mann, der auf dem Boden lag und sich vor Schmerzen krümmte. „Wer bist du?" fragte Reb Elieser.

„Jaakow-Jizchak, Meitils Sohn", flüsterte der Mann.

Reb Elieser rief nach Hilfe. Die älteren Chassidim berieten schnell, wer ihren verletzten Meister tragen sollte und wie. Reb Schmuel von Karow hielt seinen Kopf und hörte, wie der Rebbe leise Wehklagen anstimmte, indem er die Worte wiederholte: „Und die eine Hölle fordert die nächste Hölle."

So endete vorzeitig und tragisch eine denkwürdige Feier, die länger als nur die eine Nacht hätte dauern sollen. Nachdem sie ihren Meister zu Bett gebracht hatten, kehrten die Chassidim schweigend und untröstlich in das Lehrhaus zurück. Besiegt.

Was war geschehen? Wer hatte dem alten Seher von Lublin etwas getan? Was hatte man ihm zugefügt? Und was hatte er getan, sich selbst getan? Niemand weiß es, und niemand wird es jemals wissen.

Die chassidische Literatur hat dieses beunruhigende Ereignis geheimnisvoll verschleiert, es wird geradezu als Tabu angesehen. Von Anfang an bedeckte man es mit einem Mantel des Schweigens und vertuschte es so.

Einige Quellen beziehen sich andeutungsvoll auf diese Episode als den „großen Sturz" – *hanefila hagdola* –, ohne sich auf Einzelheiten einzulassen. Normalerweise fügen sie den Ausdruck *kajadua* hinzu: „wie jedermann weiß", aber natürlich heißt das genau das Gegenteil: Immer, wenn die chassidischen Texte *kajadua* sagen, heißt das: niemand weiß etwas. Zumindest vermutet man, keiner wisse etwas Genaues.

Die meisten Quellen deuten an, daß der „große Sturz" große metaphysische und mystische Bedeutung habe. Warum spricht man überhaupt von dem „Sturz"? War der alte Meister aus dem Fenster im zweiten Stock herausgefallen? Das Fenster war – folgt man den Quellen – viel zu schmal, als daß ein Mann seiner Größe überhaupt hätte hindurchgelangen können. Außerdem waren einige leere Flaschen unberührt auf dem Fensterbrett stehen geblieben.

So hielt sich hartnäckig das Gefühl, der Unfall hinge irgendwie mit dem Übernatürlichen zusammen.

Es muß das Werk oder die Rache des Satans gewesen sein, der sicher die messianischen Experimente des heiligen Sehers verübelte, denn niemand darf sie ungestraft durchführen.

Erst kurz vorher war der Rebbe von Lublin in ein gefährliches Treiben verwickelt gewesen, denn er hatte versucht, Napoleons Kriege zu nutzen, um die messianischen Ereignisse zu beschleunigen, nun war er dafür bestraft worden. – So jedenfalls glaubte man allgemein. Er hatte versucht, die kosmische Erlösung zu erringen, und war gescheitert, die Suche des Sehers hatte schließlich zu einer persönlichen Katastrophe geführt. Er ist tatsächlich nie wieder zu Bewußtsein gekommen. Noch vierundvierzig Wochen blieb er im Bett. Als er starb, trauerte die ganze chassidische Welt.

Sein außerordentlicher Einfluß war in allen Gemeinden von Galizien bis in die Ukraine zu spüren. Einige der größten Meister waren seine Schüler. Wie viele? Einige sagen, es seien sechzig gewesen, andere meinen hundertzwanzig, und wieder andere vierhundert. Was macht das schon aus? Der Chassidismus ist eher für seine mitreißende Phantasie als für seine Genauigkeit bekannt. Alle sind sich darin einig, daß Lublin eines der aktivsten Zentren der chassidischen Bewegung war.

Es sagte Rebbe Naphtali von Ropschitz: „Der heilige Seher ist tot, und die Welt dreht sich noch immer? Ich verstehe das nicht."

Es sagte Rebbe Mosche von Ujhely: „Unser Meister besaß alle Qualitäten und Tugenden des Propheten Jesaias, er wohnte nur nicht im Heiligen Land."

Uri, der Seraphim von Strelisk, bemerkte dazu: „Lublin *war* das Heilige Land, der Hof unseres Meisters *war* Jerusalem, das Lehrhaus der Tempel, sein privates Studierzimmer das Allerheiligste, und in seiner Stimme konnte man die himmlische Stimme hören."

Und Rebbe Zwi-Hersch von Shiditschoiw sagte: „Solange unser heiliger Meister lebte, haben wir uns einfach um ihn herum zusammengefunden, unsere Arme auf die Schultern des anderen gelegt und konnten so den Himmel erreichen. Seit er gegangen ist, sind wir nicht einmal stark genug hinaufzusehen. Selbst unsere Träume haben sich geändert."

Wir können Lublin – seine messianischen Strömungen und Unterströmungen – nur verstehen, wenn wir den Schauplatz betrachten. Erst wenn wir mit dem Opfer und seiner Zeit vertraut sind, können wir den „großen Sturz" untersuchen.

Wir stehen am Beginn des 19. Jahrhunderts. Nationen führen Kriege, ihr ewiges Opfer ist der Mensch. Europa ist in Aufruhr, überall fließt Blut, der Zorn regiert. Das Zeitalter der Aufklärung hat seine eigenen Mythen hervorgebracht, seine eigenen Gefängnisse, seine eigene Dunkelheit. Kriege, Kriege und noch mehr Kriege. Grenzen, Systeme, Bündnisse kommen und gehen. Die Erde bebt. Priester ändern ihren Lebenswandel, Könige verlieren ihren Thron, manchmal sogar ihren Kopf und ebnen so den Weg für andere Könige, für eine andere Art der Herrschaft. Schließlich tauschen Richter und Opfer die Plätze, nur die Henker bleiben dieselben.

Kaiser Napoleon hat das Heilige Land erreicht, ist in

Rußland eingefallen und träumt von der Weltherrschaft. Militärische Eroberung genügt ihm nicht. Überall wo seine Armeen erscheinen, bringen sie die Emanzipation. Ist sie gut für die Juden oder schlecht?

In Osteuropa sind die Meinungen geteilt. Seit Generationen hatten polnische und russische Fanatiker die Juden mit ihrem Haß verfolgt, nun fühlen die Juden sich plötzlich von den österreichischen Liberalen genauso bedroht. Sie müssen sich zwischen religiöser und physischer Sicherheit entscheiden, beides scheint sich nicht miteinander vereinbaren zu lassen.

Rebbe Schneur-Salman von Ladi, der bedeutende chassidische Denker und Lehrer, sagt: „Ich lebe lieber unter Zar Alexander. Unter seiner Herrschaft leiden wir zwar, aber wir bleiben zusammen, ohne als Juden unser Gesicht zu verlieren. Unter Napoleon wird es genau andersherum sein."

Reb Mendel von Riminow dagegen zog Napoleon vor, in dem er die Verkörperung des legendären Gog von Magog sah, den der Messias besiegen würde. Aber bevor Napoleon Gog von Magog werden konnte, mußte er zunächst einmal siegen. Deshalb sagten manche Gegner und Skeptiker, Napoleons zweites militärisches Hauptquartier sei in Riminow aufgeschlagen gewesen, Reb Mendel habe es geleitet.

In der chassidischen Welt ist die messianische Dimension der apokalyptischen Ereignisse einem jeden gegenwärtig. All diese Niederlagen und Siege, die einander ablösen, all dies Blut, das auf allen Seiten vergossen wird. Selbstverständlich: Das Ende der Welt ist nahe. Was könnte einen daran hindern, nun die Initiative selbst in die Hand zu nehmen und das Ende zu beschleunigen? Das könnte das Leben mancher Juden retten, tatsächlich könnte nichts anderes sie retten. Die Juden brauchen den

Messias wie nie zuvor. Warum noch länger auf ihn warten, wenn er schon so nahe ist? Warum sollte man ihm nicht entgegenlaufen?

Und außerdem: Die Zeit scheint reif. Diese Kriege, der totale Umbruch, sind das nicht die *Chewlej-Meschiach:* die Wehen des Messias? Alle Symptome, alle Zeichen waren da. Darum arbeiteten die drei Verschwörer, Reb Mendel von Riminow, der Maggid von Koschnitz und der Seher von Lublin, so fieberhaft an ihrem Plan. Sie trafen sich heimlich, um Erfahrungen auszutauschen und ihre Unternehmungen gegenseitig abzusprechen. Oft verschwand der Seher aus Lublin, und niemand wußte dann, wohin er gegangen war. Tatsächlich ging er regelmäßig nach Koschnitz oder Riminow, um dort an strategischen Sitzungen teilzunehmen. Die drei glaubten wirklich, mit ihren *kawanot* und *jikhudim,* mit ihren Worten und Taten könnten sie die Ereignisse und Entwicklungen auf dem Schlachtfeld beeinflussen.

Es sagte Reb Mendel von Riminow: „Soll doch von Pristik bis Riminow Blut fließen, solange das nur bedeutet, daß die Erlösung unmittelbar bevorsteht!"

Am Abend eines *Kol Nidre* öffnete der Maggid von Koschnitz den Heiligen Schrein und rief aus: *„Ribono schel olam,* Herr der Welt, *ssalachti kidwarecha* – bitte sag, daß Du unsere Sünden vergeben hast! Und sende uns den Erlöser. Wenn Du einen Zaddik brauchst: Reb Mendel von Riminow ist einer! Wenn Du einen Propheten brauchst: Der Seher von Lublin ist einer! Wenn Du einen Büßer suchst, ich, Israel, Sohn der Sarah von Koschnitz, verkünde hier und jetzt, daß ich zum Opfer bereit bin – im Namen der lebendigen Gemeinde Israel."

Was ist dann aber schiefgelaufen? Warum ist der Messias nicht gekommen? Die drei Meister, ihre Freunde und Mitstreiter konnten sich nicht auf eine Taktik einigen –

das war der Grund. Hätten sie alle Napoleon unterstützt, wäre er Gog von Magog geworden. Er hätte die Welt erobert und sie dann an den Messias verlieren müssen. Die Schwierigkeit war, daß Reb Mendel allein blieb, als er dazu aufrief, den französischen Kaiser uneingeschränkt zu unterstützen. Die Legende erzählt, Napoleon habe dies gewußt und sei heimlich zu dem Maggid von Koschnitz gekommen, um mit ihm zu verhandeln. Er wollte ihn ganz für sich gewinnen, war aber erfolglos – und verlor den Krieg.

Eine andere Geschichte behauptet, daß ein Sohn des Sehers in der österreichischen Armee diente. Irgendwie – wer weiß wie – wurde er Napoleon bei einer militärischen Parade vorgestellt, und der Kaiser sagte zu ihm: „Richte deinem Vater aus, daß ich keine Angst vor ihm habe." Selbstverständlich mußte er dann verlieren.

Nach Waterloo folgten die Verschwörer den Bitten des Sehers und unternahmen einen letzten Versuch an Simchat Torah. Hätten sie sich an diesem Fest so gefreut, wie nur sie sich freuen konnten, wäre das ersehnte Ereignis vielleicht eingetreten, aber – *lo ichschar dara* – diese Generation war noch nicht so weit. Der Maggid starb eine Woche vor Simchat Torah, am Sukkothabend, und der Seher hatte seinen berühmten „großen Sturz".

Das Unglück verbreitete helle Freude unter seinen Gegnern, den Mitnagdim, aber der Seher bemerkte: „Sie sind ja so dumm, zu weit zu gehen. Ich verspreche ihnen, wenn ich sterbe, werden sie nicht einmal mit einem Trunk Wasser das Ereignis feiern können!" Und tatsächlich – sein Tod fiel auf den 9. Aw, einen Trauer- und Fasttag. Und der gilt auch für die Mitnagdim.

Wer war der Seher?

Auf Grund persönlicher Zeugnisse und Sammlungen

von Schülern und Freunden besitzen wir genug Material, um seine Biographie zu schreiben, sein Porträt zu zeichnen.

Wir wissen, daß Rebbe Jaakow-Jizchak Horowitz 1745 in einem Dorf bei Tarnigrod in Polen geboren wurde. Er wuchs im Haus seines Großvaters, Reb Kopel, in Jussepow auf.

Dreimal war er verheiratet. Er war Vater von vier Söhnen und einer Tochter – und Autor dreier wichtiger Kommentare.

Nach einer einsamen Kindheit lockte ihn die junge, pulsierende chassidische Bewegung, zunächst als Schüler, dann als Meister. Er ließ sich um 1800 in Lublin nieder und setzte sich auch politisch für seine jüdischen Zeitgenossen ein, auch wenn sein Kampf für die Emanzipation der Juden letztlich ohne Erfolg blieb.

Er gründete wohl eine eigene Schule, nie dagegen eine eigene Dynastie. Seine Schüler wurden nur dann Führer, wenn sie selbst etwas konnten.

Von nah und fern, selbst aus nichtreligiösen Kreisen strömten die Menschen zu ihm. Der berühmte Professor Bernard war sein Leibarzt und sein persönlicher Freund.

Der Seher war groß, energisch, scharfsichtig und beredt wie sonst kaum einer und wirkte so zweifellos charismatisch. Wo immer er auftauchte, stand er im Mittelpunkt, denn er strahlte einfach Weisheit, Schönheit und Autorität aus. Selten sagte er „Ich", lieber sagte er „Wir". Er aß kaum einmal in Öffentlichkeit, überhaupt ging etwas Fürstliches von ihm aus.

In seiner Gegenwart fühlte man sich aufgerüttelt und geläutert... verwandelt. Seine Augen, von denen eines größer als das andere war – konnten einen auf beunruhigende Weise fixieren. Diese Augen berührten die Menschen ganz besonders, und die Chassidim waren überzeugt, daß er mit ihnen tief in ihr Innerstes eindringen konnte. Nichts konnte seinem Blick widerstehen, weder Zeit noch Raum. Oft ging er zum Fenster und beobachtete, was auf entfernten Kontinenten oder in früheren Jahrhunderten geschah. Es heißt, er sei fähig gewesen, die Seele eines Menschen bis zu Kain und Abel zurückzuverfolgen und genau festzustellen, wie oft und wohin sie seither gewandert sei.

Sein Beiname – der Seher – ist ihm allein vorbehalten geblieben. Andere Meister waren zwar auch begabt mit verschiedenen Kräften, aber keiner hatte seine visionäre Fähigkeit. In seiner frühen Jugend hatte er gebetet, Gott möge sie ihm nehmen. Der Seher empfand seine Begabung als erdrückende Last. Er sah zu viel, zu weit. Aber seine Bitte wurde nicht erhört.

Einige Legenden erzählen, daß er drei oder sieben Jahre lang die Augen nicht vom Boden hob, um die Welt nicht sehen zu müssen. Andere behaupten, daß er beschloß, sieben Jahre lang zu schweigen, um die Sprache nicht zu gebrauchen und sie so auch nicht mißbrauchen zu können.

Obwohl er freundlich, gütig und mitleidig war, spürte man stets eine Schranke zwischen ihm und seinen Schülern, die sie daran hinderte, dem Seher zu nahe zu kommen und den Schleier seines Geheimnisses zu lüften.

Auch wenn er eher ernst und melancholisch veranlagt war, saß er doch regelmäßig einmal in der Woche mit seinen Schülern zusammen und versuchte, eine fröhliche Atmosphäre zu schaffen. Dies geschah stets Samstagnacht bei einer Mahlzeit, der sogenannten *melawemalka,* in deren Verlauf die Chassidim die *Königin Sabbat* auf ihrem Weg ins Exil der nächsten Woche begleiten. Bei dieser Mahlzeit ermutigte der Meister seine Anhänger immer wieder, kein Blatt vor den Mund zu nehmen, und tat auch selbst alles, um seine Zuhörer zu erheitern.

Während der Wochentage dagegen war er oft verschlossen, er konnte sogar abweisend sein. Man braucht nur diese Anekdote zu hören: Ein Chassid, den der heilige Seher gerade empfangen hatte, war so hingerissen, daß er seinem Freund erzählte: „Weißt du, der Rebbe von Lublin sieht aus – er sieht aus wie ein zorniger Löwe!" „Hast du denn jemals einen zornigen Löwen gesehen?" fragte der Freund. „Also, wenn du mich so fragst: eigentlich nicht." „Woher weißt du denn dann, wie ein zorniger Löwe aussieht?" „Ja, ich wußte es ja nicht vorher, *jetzt* weiß ich es!"

Als Jaakow-Jizchak drei Jahre alt war, lief er oft aus dem *cheder* davon, wofür ihn sein Lehrer bestrafte, bis dieser *melamed* ihm eines Tages in den Wald folgte – heimlich natürlich – und ihn rufen hörte: *Sch'ma Jissrael:* Höre, Israel – Gott ist Unser Gott. Erst da hörte der Lehrer auf, ihn zu bestrafen.

Aber sein Vater wollte wissen: „Warum verschwendest du deine Zeit im Wald? Warum gehst du dorthin?" „Ich suche Gott", sagte der dreijährige Knirps. „Ist Gott denn nicht überall?" fragte der Vater. „Und ist Er nicht überall derselbe?" „Er schon, aber ich nicht", antwortete das Kind.

Mit vierzehn ging er zur Jeschiwa. Zunächst nach Shulkowa, wo er erst bei dem berühmten Talmudisten Reb Mosche Hirsch Meisele, dann unter dem gefeierten Reb Schmelke von Nikolsburg in Schinewe lernte. Dort herrschte ein besonders strenges Regiment. Ein normaler Tag verlief so: 14 Stunden Lernen, vier Stunden Beten, vier Stunden Schlaf und eine Stunde gemeinsame Unternehmungen, eine halbe Stunde blieb fürs Essen und eine weitere halbe Stunde für alles übrige. Nur der junge Jaakow-Jizchak war von diesen Regeln ausgenommen.

Eine Zeitlang lebte er abseits von den anderen. Die Überlieferung erzählt, daß er seine Gelehrsamkeit verheimlichte. Nur Reb Schmelke kannte seinen wahren Wert und erlaubte ihm, seinen eigenen Weg zu gehen: zu fasten, nach Ruhe zu suchen, Geist und Seele durch *dwekut* – innere Sammlung und Bindung – und durch Gebet zu läutern. Wenn Jaakow-Jizchak betet, stellte Reb Schmelke fest, stimmen die himmlischen Engelscharen in das Amen ein.

Dort in Schinewe beschloß Jaakow-Jizchak seine Augen vor der sichtbaren Welt zu verschließen und wie die Blinden zu leben, denn keine Ruhe gleicht der ihren. Später mußte er die Augen allerdings wieder öffnen. Seine Ruhe war gefährdet: er sollte heiraten. Und noch einmal stolpern wir über ein dramatisches Ereignis.

Reb Schmelke und Jaakow-Jizchaks Großvater, Reb Kopel, wollten ihn verheiraten und arrangierten seine Hochzeit. Das Mädchen stammte natürlich aus guter Familie. Ihr Vater war ein reicher Kaufmann und hatte Geschäfte in der Nähe von Krasnobrad. Der Bräutigam stimmte zu, als man ihm von der Entscheidung berichtete. Wie hätte er auch den Plan seines Lehrers und seines geliebten Großvaters ablehnen können? Das Datum wurde festgesetzt. Die Vorbereitungen begannen unter den üblichen Aufregungen.

Viele Leute kamen, um an dem Fest teilzunehmen. Sehen wir ihnen zu, wie sie an dem üblichen „Bräutigam-Essen" am Vorabend der Hochzeit teilnehmen! Sie singen, musizieren, lachen – der Bräutigam hält eine Rede. Auf einmal wendet er sich mit einer seltsamen Bitte an seinen Großvater: Er möchte gern die Braut sehen. Alle sind völlig verblüfft: Was? Jetzt? Noch vor der Trauung? Hat er denn kein Vertrauen zu seinem Großvater? Aber Jaakow-Jizchak mit dem Spitznamen Reb Izikl zitiert den Talmud: Ein Mann soll sich keine Frau nehmen, die er nicht vorher gesehen hat. Nun, wenn Reb Izikl den Talmud auf seiner Seite hat, bleibt dem Großvater keine andere Wahl, als der Laune seines Enkels nachzugeben und seinen Wunsch zu erfüllen. Die Braut wird aus ihrem Zimmer geholt und soll ihren Verlobten treffen. Reb Izikl lüftet ihren Schleier und beginnt zu zittern. Er bibbert noch, als die Braut den Festsaal schon verlassen hat.

Nun gut, denkt das Volk, er hat noch nie eine Frau gesehen, laßt ihn nur in Ruhe, es ist ganz natürlich, daß er so reagiert.

Sobald das Mahl vorbei ist und alle Gäste gegangen sind, wendet sich der Bräutigam an seine Eltern und erklärt rundweg: „Ich werde sie nicht heiraten. Laßt uns fortgehen von hier, weit weg von hier. Wir sind nicht füreinander bestimmt."

Man kann sich die Reaktion der Eltern vorstellen. „Was ist passiert, Izikl? Die ganze Zeit hattest du nichts dagegen, und nun auf einmal sagst du nein. Was ist über dich gekommen?"

„Nichts", sagt der Bräutigam, ich habe sie eben nur gesehen, das reicht. Ich mag sie nicht, sie paßt nicht zu mir."

„Woher willst du das wissen?"

Und Izikl antwortet: „Ich habe ihr Gesicht gesehen, es war das Gesicht einer Fremden."

Sie flehen ihn an, beschwören ihn, ein nettes jüdisches Mädchen doch nicht öffentlich zu kränken und zu beschämen, dies sei eine Sünde, ein Frevel. Reb Izikl bleibt hartnäckig. Schließlich hat sein Vater eine Idee: Heirate sie – und laß dich wieder scheiden. Und genau das hat Reb Izikl getan. Er heiratete sie und verließ sie, sobald die Feier vorbei war. Er gab sich nicht einmal die Mühe, bis zum nächsten Tag zu warten oder seine Kleider zu wechseln. Er rannte weg. Wohin? Zwei Versionen sind überliefert. Die eine behauptet, er ging nach Mesritsch, die andere meint, er ging nach Lisensk. Von dort aus sandte er ihr den Scheidungsbrief.

Um sein Verhalten zu rechtfertigen, erzählt die chassidische Überlieferung, daß er gut daran getan habe, fortzulaufen. Sie war nicht die Richtige für ihn. Der Beweis? *Kajadua* – wie jedermann weiß –, verließ sie später ihre Familie und ihr Volk, um einen polnischen Adeligen zu heiraten, und das hatte Reb Izikl bereits beim ersten Treffen gesehen.

Die Flucht selbst regte viele chassidische Erzähler an, dieses Thema in immer neuen Variationen und Versionen auszumalen. Alle kreisen um die wenigen Dinge, die man weiß. Reb Izikl war hungrig, müde und fror. Kutscher nahmen ihn auf ihrem Weg nach Lisensk oder Mesritsch mit. Irgendwie – vielleicht während eines Aufenthaltes in einem Gasthaus wollte ihn eine wunderschöne Frau verführen. Er lief davon, was Rebbe Elimelech veranlaßte, ihn Joseph Hazaddik zu nennen, den Gerechten, nach dem biblischen Joseph.

Eine Legende spinnt die Geschichte so aus: Auf seinem Weg nach Mesritsch, nicht nach Lisensk, verirrte sich Reb Izikl in einem ungeheuer dichten Wald. Ein starker Wind kam auf, plötzlich wütete ein Schneesturm. Reb Izikl war müde und blind vor Erschöpfung. Er hatte Angst und fühlte den Tod nahen, lehnte sich gegen einen Baum und sprach das *Widui,* das letzte Bekenntnis vor dem Tod.

Aber in der Mitte stockte er. Denn plötzlich hatte sich der Sturm gelegt. Der Wald wurde einladend. Es schien einen Ausweg zu geben, und Reb Izikl wanderte los.

Schließlich sah er ein Licht. Ein Haus, nein, ein Schloß – ein Palast! Er wollte an die Tür klopfen, eintreten, sich ausruhen, ein wenig wärmen –, und das tat er auch. Das Schloß wirkte leer, was aber nicht stimmte. Eine Frau lebte dort ganz allein. Eine wunderschöne Frau, die schönste, die man sich nur vorstellen kann. Sie lud ihn ein, näher zu kommen und sich ganz nah neben sie zu setzen. Ihre Stimme war sanft und zärtlich. Niemals zuvor hatte er eine ähnliche Stimme gehört.

„Ich bin ungebunden und ganz allein", flüsterte sie, „komm näher, ich habe auf dich gewartet, nur auf dich."

Izikl fühlte die Versuchung, aber das dauerte nur eine flüchtige Sekunde lang, denn gleich erinnerte er sich: Auch Gott wartet – und so lief Izikl fort von dem Schloß, fort von der Frau, fort von der Versuchung. Und da erst erkannte er, daß alles eine Illusion gewesen war. Es gab gar kein Schloß, keine Frau, es gab nur den Wald.

Als Reb Izikl in Mesritsch ankam, empfing der große Maggid ihn sichtlich bewegt: „Die ‚andere Seite', der böse Trieb, hat versucht, dich in seine Gewalt zu bringen. Ich bin froh, daß du gewonnen hast!"

Reb Izikl blieb dort eine Zeitlang. Er lebte in großer Armut, nicht einmal *challah*, festliches Weißbrot für den Sabbat, konnte er sich leisten. Aber dem unbestrittenen Führer der Bewegung so nahe zu sein, das war ihm Belohnung genug. Er lernte die neue Art zu leben, wie sie der Baal Schem gezeigt hatte. Sie baute auf Menschenliebe und Gottesliebe. Er hätte die ganze Zeit über jubeln können. Alte Worte wurden wieder lebendig, menschliche Begegnungen bekamen einen neuen Sinn, er war begeistert von den einzelnen Beziehungen zwischen Meister und Schüler in Mesritsch: Der Schüler *wählte* seinen Rebbe, dem er dann ganz und gar treu blieb. Ebenso erfuhr er, wie lebenswichtig Freundschaft, Liebe und Aufrichtigkeit im Chassidismus waren. Mesritsch war eine „Werkstatt": Wer als Schüler kam, ging als Lehrer.

Der Maggid liebte Reb Izikl, er sagte: „Eine Seele wie die seine ist seit den Zeiten der Propheten nicht mehr zu uns gesandt worden."

Aber wie die meisten seiner Freunde, die sich in Mesritsch eingefunden hatten, blieb der Seher nicht immer dort. Nach einiger Zeit zog er nach Lisensk, wo er Rebbe Elimelechs Schützling wurde. Auch dort führte er von Anfang an ein zurückgezogenes Leben, er mied seine Studiengenossen und war erpicht auf Wahrheit und Schweigen. Dort ereignete sich ein Zwischenfall, an den man sich erinnern muß, wenn man das Geheimnis des „großen Sturzes" erklären will.

Eines Tages verließ Reb Izikl Rebbe Elimelechs Lehrhaus und ging im Wald spazieren. Er kletterte auf einen Hügel, dann auf einen Berg, setzte sich schließlich auf einen Felsen, der über einen Abgrund ragte. Dort dachte er über den Sinn des Lebens und die Nichtigkeit aller menschlichen Anstrengung nach. Gott ist Gott, und der Mensch ist so klein – so unbedeutend. Reb Izikl war dankbar, daß Gott den Menschen überhaupt bemerkte. Ich wollte, ich könnte ihm irgend etwas schenken, dachte er, aber ich habe nichts, ich besitze gar nichts. Da stand er auf und wollte sich über die Klippe in den Abgrund stürzen – glücklicherweise stand in diesem Moment ein gewisser Reb Salke nicht allzuweit hinter ihm. Dieser hielt ihn gerade noch rechtzeitig fest und brachte ihn nach Lisensk zurück. Noch Jahre danach erinnerte sich der Seher an diesen Zwischenfall und meinte geheimnisvoll: „Ja, Salke, wir wissen noch, was du für uns in Lisensk getan hast, darum ist unsere Liebe für dich nicht vollkommen."

Wie lange er in Lisensk blieb, ist unklar. Er blieb lange

genug, um Rebbe Elimelechs Lieblingsschüler zu werden. Man bat ihn, sich um die jungen Schüler zu kümmern, sie zu unterrichten, sie zu führen und sie auf das chassidische Feuer vorzubereiten. So wurde der Schüler zum Rebbe. Bald zog er eigene Schüler an, was den alten Rebbe Elimelech verletzte. Er fühlte sich verraten und bat Reb Izikl, mit der eigenen Schulgründung noch zu warten. Zu spät. Der *erste* Bruch im Leben der jungen Bewegung war nicht mehr zu vermeiden. Der Seher zog nach Landszhut, dann nach Roswadow und schließlich nach Lublin, dem neuen, jüngsten und lebendigsten Zentrum des Chassidismus.

Genauso wie in Mesritsch und Lisensk versuchten die Chassidim auch in Lublin das jüdische Leben zu intensivieren – mit einfachen Gebeten, einfachen Geschichten und menschlicher Freundschaft wollten sie die jüdische Welt erneuern. Die Menschen sollten wichtiger sein als alle Dogmen.

Hier in Lublin lebten die Anhänger des Sehers zusammen, hier teilten sie, was sie besaßen, aber auch ihre Träume. Hierhin kamen sie aus demselben Grund, aus dem ihre Väter vor langer Zeit nach Jerusalem geströmt waren: um zusammen zu sein, um gemeinsam etwas Neues zu versuchen. Hier konnten sie ihr Elend, ihren Hunger vergessen, die Sorgen des Alltags machten hier weniger oder gar nichts mehr aus. Wer dem Seher nahe war, entdeckte Sinn in Dingen, die auf den ersten Blick sinnlos schienen. In Lublin durfte man das Judentum wieder als großartiges Abenteuer ansehen.

In Lublin haben wir gelernt, daß Gott überall gegenwärtig ist. Und daß der Mensch mit ihm über alle seine Probleme reden kann, nicht nur über Theologie. Und wir haben genauso dort gelernt, daß ein Rebbe für jeden seiner

Anhänger ansprechbar sein muß, ihren Bitten in jedem Fall zuhören und in jeder Hinsicht ihr Verbündeter sein muß.

Was ist denn der Chassidismus, wenn nicht der Versuch, alles niederzureißen, was einen Menschen von seinem Mitmenschen trennen kann, was einen von sich selbst trennt. Der Chassidismus will die Mauern sprengen, die zwischen Gott und Mensch existieren, zwischen Schöpfer und Geschöpf, zwischen Gedanke und Tat, Außenwelt und Innenwelt. Das Geheimnis liegt in der Identität.

In Lublin konnte ein Chassid wieder von den eigenen Möglichkeiten träumen, ohne sich schuldig zu fühlen. Zum einsamen Juden sagte der Seher: „Auch Gott ist allein – deinetwegen." Zum melancholischen Juden sagte er: „Auch Gott ist traurig – traurig wegen dir." Zum verarmten Juden sagte er: „Du hast es selbst in der Hand, deine Lebensbedingungen zu ändern. Du kannst dein Unglück besiegen, wenn du die Freude zu Hilfe rufst. Wenn du nur Freude schaffst, werden sich die Dinge für dich und für andere verändern." Denn dies ist die Grundlage der chassidischen Botschaft: Es gibt eine umfassende wechselseitige Abhängigkeit zwischen Mensch und Himmel. Jeder kann auf den anderen einwirken.

Wie andere Meister befürwortete auch der Seher Gefühl und Mitgefühl, Enthusiasmus und Leidenschaft, vor allem die Leidenschaft. „Mir ist ein Gegner, ein hitziger Mitnaged, lieber als ein lauwarmer Chassid", sagte er. Denn fehlt die feurige Leidenschaft, endet alles in Gleichgültigkeit und Resignation, mit anderen Worten: im Tod. Was ist noch schlimmer als Leid? Gleichgültigkeit! Was ist noch schlimmer als Verzweiflung? Resignation! Wer sich nämlich nicht rühren und ergreifen lassen kann, wer sich nicht fallen lassen kann, dessen Vorstellungskraft nie Feuer fängt – der ist schlimm dran.

In einer Zeit, in der Hunderte von Gemeinden Osteuropas sich von der Menschheit verlassen fühlten und den Eindruck hatten, nur von ihren Feinden bemerkt zu werden, war dies eine wunderbare, unwiderstehliche Botschaft.

Weil der Chassidismus so viel Wert auf die *Ahawart Jissrael* legte, deren Auswirkungen in den höheren Sphären und ihre erlösende Macht so betonte, gab er vielen Juden die Lebensfreude zurück, die schon drauf und dran waren, sich der Scham, Reue und Hoffnungslosigkeit ganz zu überlassen. Der Chassidismus zeigte diesen Juden wieder, was die Freude vermag.

Darum eroberte die Bewegung des Bescht die jüdischen Gemeinden Osteuropas in weniger als 50 Jahren. Zwischen Kossow und Kitew war ein Funke entzündet worden. Seine Flamme gab nun allen Licht.

Was zugleich gut und weniger gut war: Es gab viele Chassidim, und das war gut. Aber es gab auch viele Zaddikim, und das war weniger gut. Bald würden sie zu streiten anfangen, und die Bewegung würde einiges von ihrer anfänglichen Reinheit verlieren.

Aus Mesritsch und Lisensk kamen viele Zaddikim. Sie waren in der Ukraine tätig und in Weißrußland, wirkten in Litauen, in Ungarn und natürlich in Galizien. Plötzlich war es leicht, Jude zu sein, ein chassidischer Jude zu sein. Alles, was man zu tun hatte, war, sich einen Rebbe zu suchen. Er wußte alle Antworten, war die überragende Autorität.

Der Seher kannte die Gefahren nur zu gut, die der Erfolg mit sich bringt, und erwähnte sie auch gelegentlich: „Lieber ist mir ein Schuft, der weiß, daß er ein Schuft ist, als ein Gerechter, der weiß, daß er ein Gerechter ist."

Im selben Sinn sagte er: „Auch Zaddikim sind Sünder, es sei denn, sie wissen nicht, daß sie Gerechte sind. Man wird sie in die Hölle führen, und sie werden glauben, dort zu Besuch oder auf Missionsreise zu sein, um denen zu helfen, die für immer dort sind. Aber dann wird man die Tore schließen, und sie bleiben drinnen." Und gern wiederholte der Seher lachend den letzten Satz: „Ja, ja – sie werden drinnen bleiben."

Der Seher pflegte herzliche oder gar freundschaftliche Beziehungen mit den meisten seiner berühmten Zeitgenossen, nur nicht mit Rebbe Baruch, dem Enkel des Bescht. Die übrigen besuchte er gern, und sie besuchten ihn. Worum ging es in dem Streit mit Rebbe Baruch? Beim Sabbatmahl saß der Seher immer mit seinen Anhängern und Schülern zusammen, während Reb Baruch seine Frau und seine Tochter am Tisch neben sich hatte. Aber um den Seher nicht vorschnell dem Verdacht der Frauenfeindlichkeit auszusetzen, sollte man doch seine sehr liberale Haltung in der Frage der Frauenrechte erwähnen. Anders als viele Rebben erlaubte er den Frauen, sich elegant zu kleiden, empfing sie auch – und begleitete sie gelegentlich sogar an die Tür.

Auch Nichtjuden fühlten sich von ihm angezogen. Einer von ihnen, der berühmte Graf Czartoryski, wurde einmal besonders herzlich in Lublin empfangen. „Warum er und nicht ich?" wunderte sich ein Chassid laut, „schließlich bin ich noch ein wenig ein Jude, was der Graf von sich nicht behaupten kann." „Lieber ist mir ein Nichtjude, der ein Nichtjude ist, als ein Jude, der nur teilweise oder halbherzig Jude ist", antwortete der Seher.

Wie der Bescht kannte und liebte er die Natur und ließ sie im jüdischen Leben wieder eine wichtige Rolle spielen. Alles in der Schöpfung bezeugt Gottes Werk, sagte er, alle Dinge sind Symbole. Nimm zum Beispiel einen Raben. Erstens: Er akzeptiert keine Fremden in seinem Lebenskreis.

Er schreit so laut, um keine Außenseiter zu hören. Zweitens: Er ist überzeugt, in der Vogelwelt die einzige Art zu sein. Andere Vögel hält er für verkleidete Raben. Drittens: Ein Rabe erträgt keine Einsamkeit. Sobald er von seinem Weg abkommt, seine Gefährten verliert, steht er vor Dunkelheit, Angst und Tod.

Es lag ganz im Geist des Chassidismus, wenn der Seher seinen Anhängern einschärfte, den Glauben in zwei grundlegenden Erscheinungsformen zu fördern: als *Emunat-Zaddikim* und *Dibbuk-Chawerim,* als Vertrauen auf den Meister und als Treue den Freunden gegenüber.

Er liebte seine Anhänger, alle zusammen und jeden einzeln. Jeden, jeden einzelnen von ihnen nannte er Jidele, das ist eine Koseform von Jid, Jude. Er hörte ihrem Kummer zu und teilte ihr Leid. Weniger noch als in Mesritsch, sogar weniger noch als in Lisensk war der Rebbe hier in Lublin aus dem Leben eines einzelnen Chassiden wegzudenken.

Er war Lehrer, Führer und Freund zugleich – selbst Wundertäter war der Seher. Und Wunder standen in Lublin im Vordergrund. Die Leute kamen wegen der Wunder und fanden sie auch. Unzählige Legenden sprechen von diesen Fähigkeiten des Sehers. Die armen Männer und Frauen brauchten ihn nur zu bitten, sich im Himmel für sie einzusetzen, und der Himmel fügte sich seinem Willen. Lublin war für viele die letzte Zuflucht. Wenn alles andere versagte, ging man zum Rebben. Geldschwierigkeiten, Krankheiten, Krisen, Gefahren, Bedrohungen – der Seher kannte ein Mittel für jeden Schmerz.

Ich weiß, dies alles mag – insbesondere für die Rationalisten unter uns – schockierend, geradezu empörend klingen. Aber man muß sich die ganze Situation vor Augen führen. Bevor man irgendein Urteil wagt, sollte man sich das ungeheure Leid vergegenwärtigen, dem die Juden ausgesetzt waren. Es gab keinen Ausweg aus ihrer Verzweiflung, die ständig wuchs und sie immer mehr gefangenhielt, deshalb brauchten sie vor allem anderen einen Grund, der sie zum Glauben führen konnte. Und die beste Möglichkeit, zum Glauben zu kommen, war eben ein richtiges Wunder. Darum vollbrachten die Zaddikim Wunder: Um die Vorstellungskraft anzuregen, um die Ehrfurcht wachsen zu lassen. Sie wollten die Seelen ermutigen, sich dem Glauben und der Hoffnung zu öffnen. *Wajar Jissrael et hajad hagdola ascher assa adoshem bemizrajim* – und die Juden sahen die Wunder Gottes in Ägypten, und dank ihnen konnten sie glauben. Was tut denn der Zaddik? fragte der Seher von Lublin. Mit seinem Gebet offenbart er Gottes Herrlichkeit. Und das Wunder? Ist ein Propagandamittel. Es soll das Vertrauen der Menschen auf Gott festigen, es soll den Glauben verbreiten, daß Gott immer zuhört, wenn sich irgendwo ein Mensch an ihn wendet; ein Wunder soll den Glauben verdeutlichen, daß die Gesetze der Seele wichtiger sind als die Naturgesetze.

Hatte der Seher den *ruach-hakodesch,* den „heiligen Geist"? War er mit prophetischer Macht begabt? Seine Anhänger waren davon überzeugt, und er selbst hat es nie abgestritten. Tatsächlich legte er Wert darauf, Rechtsentscheidungen gelegentlich mit seinen hellseherischen Fähigkeiten zu begründen. Ein Beispiel: Eine Frau war wegen Ehebruchs angeklagt. Er sagte: „Hat irgend jemand gesehen, daß sie diese Sünde begangen hat?" Nein, aber sie wurde gesehen, wie sie einen Raum allein mit einem Mann betrat. „Wenn das alles ist", sagte der Rebbe, „dann trifft sie keine Schuld." Und er erklärte: „Ich weiß, ihr zweifelt noch immer. Aber ich bin berechtigt, mein inneres Gesicht gegen eure Zweifel anzuführen."

So waren alle seine Wunder: er setzte sie *für* die Gemeinschaft von Israel ein. Sie waren nur ein Mittel zum Zweck, denn er wollte vor allem diese einsamen verlassenen Menschen, die meinten, Gottes Aufmerksamkeit nicht verdient zu haben, trösten, ermutigen und aufrichten.

Er selbst zeigte übrigens deutlich genug, daß er diese Wunder nicht allzu ernst nahm. Daß die Leute an ihn glaubten, war ja in Ordnung, aber er war zu gescheit, um nicht über sich selbst zu lachen. Er hatte einen ausgesprochenen Sinn für Humor.

Rebbe Levi Jizchak von Berditschew, sein älterer Freund und Gefährte, tadelte eines Tages, daß der Seher seine mystischen Kräfte so zur Schau stellte. „Das kannst du nicht von mir gelernt haben", meinte er. „Es tut mir leid, wenn du das so siehst", sagte der Seher. „Du brauchst mir nur zu befehlen, damit aufzuhören, und ich will dir gehorchen." „Nein, nein", sagte der Berditschewer, „mach ruhig weiter so, mach ruhig weiter!"

Ein Sohn des Sehers, der bei diesem Treffen dabei war, fragte ihn später: „Hast du das denn ernst gemeint! Wärest du bereit gewesen, deinen *ruach-hakodesch,* deine prophetische Gabe aufzugeben?" – „Nein, nein", sagte der Seher lachend, „dank meines zweiten Gesichts wußte ich im voraus, daß er von mir nicht verlangen würde, aufzuhören."

„Ich mag keine Dummköpfe", sagte er. „Sollte ich in der Welt der Wahrheit erleben müssen, daß ein Dummkopf ins Paradies kommt und dort zu allen Ehren gelangt, werde ich straßauf und straßab rennen und rufen: ‚Ein Dummkopf bleibt ein Dummkopf! Ich beneide dich nicht!'"

Er sagte auch: „Die Leute gehen nach Riminow, um Hilfe

zu finden, nach Koschnitz, um geheilt zu werden, aber sie kommen nach Lublin, um das Feuer der Hoffnung zu finden."

Einem Chassid, der bekannte, an unanständigen und abwegigen Gedanken zu leiden, sagte er: „Abwegig? Sie sind nicht abwegig – sie gehören doch zu *dir!*"

Ein Chassid fragte ihn um Erlaubnis, den Sabbat mit dem Maggid von Koschnitz zu verbringen. „Was bist du nur für ein Chassid", sagte der Seher. „Als ich Chassid war, zog ich los, um alle Meister kennenzulernen – und du bittest irgend jemanden um Erlaubnis?"

Ein großer Talmudgelehrter und Gegner des Chassidismus in Lublin, Reb Asriel Hurwitz, mit dem Spitznamen *„Der eiserne Kopf"*, unterhielt sich einmal freundlich mit dem Seher. „Ich verstehe das nicht", sagte er, „ich bin belesener als du, gelehrter als du und kenne mich besser als du im Talmud aus, und trotzdem kommen die Leute zu dir und nicht zu mir. Woran liegt das nur?"
„Ich weiß es nicht", antwortete der heilige Seher. „Vielleicht sollten wir die Frage zur Antwort machen: Du verstehst nicht, warum die Leute *nicht* zu dir kommen, darum kommen sie nicht. Ich verstehe nicht, *warum* sie kommen, darum kommen sie."
Ein anderes Mal sagte derselbe Reb Asriel zu ihm: „Reb Izikl, die Leute nennen dich einen Gerechten, einen Zaddik, obwohl wir beide, du und ich, doch genau wissen, daß du keiner bist. Warum bekennst du das nicht öffentlich? Wenn du das tätest, blieben sie doch weg." „Wirklich", sagte der Seher, „eine gute Idee!"
Am folgenden Sabbat, vor der Torahlesung, bestieg der Seher die *bimah*, das Vorbeterpult, und erklärte: „Ich

möchte gern, daß ihr alle wißt, daß ich kein Zaddik bin – im Gegenteil: ich bin ein Sünder. Ich lerne nicht genug, bete nicht genug und diene auch Gott nicht so, wie ich es sollte. Es ist also besser, ihr geht und sucht euch einen anderen Rebbe, der euer Vertrauen eher verdient!"

Natürlich war die Reaktion einmütig: „Unser Meister ist noch größer, als wir gedacht haben! Er ist der größte von allen – seht doch nur seine Bescheidenheit!"

Daraufhin schlug Reb Asriel das Gegenteil vor: Der Seher sollte öffentlich feststellen, daß er ein wahrer Zaddik sei, damit die Leute ihm seine Eitelkeit verübelten und ihn im Stich ließen. Aber diesmal weigerte sich der Seher und sagte: „Ich bin mit dir völlig einer Meinung, daß ich kein Zaddik bin. Aber deswegen bin ich doch noch kein Lügner!"

Obwohl Reb Asriel seine schonungslose Feindschaft gegen den Chassidismus wie gegen die Chassidim offen zeigte, schätzte der Seher Reb Asriels Gelehrsamkeit hoch: Ohne auf ihre höflichen Einwände zu achten, hätte er selbst seine besten Schüler zu ihm geschickt, um sie von Reb Asriel unterweisen zu lassen.

Was er selbst vermitteln konnte, waren nicht irgendwelche Kenntnisse, obwohl er durchaus gelehrt war, sondern die Fähigkeit, miteinander menschlich umzugehen, und das läßt sich eben nur im Umgang mit anderen Menschen lernen. Er lehrte seine Anhänger also nicht, wie man studiert, sondern wie man zuhört, wie man teilt, wie man fühlt, betet und lacht, wie man hoffen und leben soll. Was der Bescht für seine Anhänger getan hatte, tat der Seher auch für seine: er machte ihnen ihre Würde bewußt. Einfache Gastwirte, Stadtkutscher, einsame Dörfler kamen einmal im Jahr nach Lublin, und das reichte ihnen, um sich wieder als Juden, als Menschen, als Teil des jüdischen Volkes zu verstehen. Was Kant von sich behauptet hat, daß nach der Lektüre seiner Bücher die Menschen nicht mehr wie vorher dächten, galt in noch größerem Maße für den Seher: Wer den Seher von Lublin kennengelernt hatte, konnte nicht mehr wie vorher leben. Es heißt, selbst seine Gegner seien seiner Ausstrahlungskraft erlegen. Viele, die an seinen „Dritten Mahlzeiten" am Sabbat teilnahmen, kamen als Gegner, alle gingen als Bewunderer.

Und dennoch fühlte er, der anderen so viel gegeben hatte, er müsse sich ändern. Er konnte anderen Freude spenden, aber kaum sich selbst. Oft sagte er: „Seltsam – diese Leute kommen traurig zu mir und verlassen mich glücklich, wogegen ich in meiner Traurigkeit steckenbleibe. Und meine Traurigkeit ist wie ein schwarzes Feuer." In Augenblicken, in denen der Zweifel ihn packte, stöhnte er: „Wehe der Generation, die von mir geleitet wird!"

Er suchte die Freude so intensiv, daß er andere Überlegungen einfach nicht beachtete. Er sagte: „Mir ist ein einfacher Jude, der voller Freude betet, lieber als ein Weiser, der traurig über seinen Büchern hockt."

Ein notorischer Sünder hatte in Lublin freien Zugang zu ihm, denn der Rebbe fühlte sich wohl in seiner Gesellschaft. Seinen Chassidim, die vorsichtig ihre Verwunderung über diesen Umgang äußerten, erklärte er: „Ich habe ihn gern, weil er fröhlich ist. Wenn ihr eine Sünde begeht, bereut ihr sie unmittelbar anschließend schon wieder. Ihr bereut also das Vergnügen, das ihr hattet. Er ist da anders: Seine Freude hält an."

Einmal fragte er: „Wißt ihr, worin die wirkliche Sünde unserer Väter in der Wüste bestand? Es war nicht ihr aufrührerisches Verhalten, sondern die Niedergeschlagenheit, die ihm folgte."

Um gegen seine eigene Niedergeschlagenheit anzukämpfen, nahm er sich wie Reb Baruch eine Art Clown, einen Spaßmacher, einen komischen Kerl: Reb Mordechai Rakower, der ihm Witze erzählen und ihn zum Lachen bringen sollte.

Außer Rebbe Nachman betont kein anderer chassidischer Meister in seiner Lehre so nachdrücklich, wie wichtig Ausgelassenheit und Feier seien. In Lublin waren die Chassidim genötigt, nicht nur in Furcht *vor* Gott, sondern auch in Furcht *für* Gott und vor allem in Freude *mit* Gott zu leben.

Die Überlieferung erzählt, daß Reb Mendel Riminower, der von seinen Anhängern stille Meditation erwartete und wollte, daß sie sich nach dem Schweigen sehnten, schokkiert war, als er die ausgelassene und fröhliche Stimmung in Lublin entdeckte. Er beobachtete die Chassidim während eines Gottesdienstes, stieß ein einfaches „*na*" aus – und alle waren von Angst und Furcht geschlagen. Daraufhin stieß der Seher ein einfaches „*ho*" aus, und sie begannen wieder fröhlich und glücklich zu singen und zu klatschen.

Ausgelassenheit, Freude, Feier, Enthusiasmus, Leidenschaft, Ekstase – dies waren die Waffen, die der Seher seinen Schülern und Anhängern gegen Melancholie, gegen Traurigkeit und Verzweiflung gab.

Auch ihn selbst quälte offensichtlich die Trauer. Warum? Weil er so tragisch mit seinem Lehrer, Rebbe Elimelech, gebrochen hatte? Nein, er war schon melancholisch gewesen, bevor sie sich das erste Mal gesehen hatten. Wegen seiner Gegner, die nicht zur chassidischen Bewegung gehörten? Wegen der frühen Maskilim, der Aufklärer, die die Emanzipation predigten? Oder wegen der kampflustigen Mitnagdim, die ihn einmal – ausgerechnet zu Rosch Haschana – aus Lublin vertrieben hatten?

Nun, andere Meister hatten ähnliche Probleme, manche hatten noch schlimmere Erfahrungen hinter sich, waren allerdings auch ähnlichen Depressionseinbrüchen ausgesetzt. Vom Bescht zum Maggid, zu Reb Levi Jizchak, zu Reb Baruch, Reb Elimelech, zum Kozker: alle haben sie aus vielen verschiedenen Gründen Kummer und Angst ertragen. Mit ihrem Hang zur Mystik dachten sie ständig an das Leiden der Schechina im Exil. Und wenn die Schechina litt, mußten sie da nicht mit ihr leiden? Der Seher von Lublin sagte: „Ein Chassid sollte wie ein Kind gleichzeitig weinen und lachen können." Und er erklärte, wie er es schaffte, beides zu verbinden, wie er noch lachen konnte, obwohl er doch jede Nacht um Mitternacht über das Leiden der Schechina bitter weinte. (Sehr fromme Juden sprechen jede Mitternacht ein Trauergebet wegen der Zerstörung des Tempels von Jerusalem.) „Stell dir einen König vor, der im Exil lebt und seinen Freund besucht. Der Freund ist traurig, weil der König im Exil ist, aber gleichzeitig kann er sich doch freuen, ihn zu sehen."

Nein, es waren andere Gründe, die den Seher traurig machten. Die meisten Chassiden kamen zum Rebbe, um ihr Elend und ihre Ängste bei ihm abzuladen. Und der Rebbe hörte zu, er hörte genau zu, fühlte sich ein, identifizierte sich mit ihnen. Und die Chassidim wußten, allein der Rebbe konnte sie verstehen, so daß der Rebbe immer wieder beweisen mußte, daß er Vertrauen verdient hatte. Nur – wie lange kann jemand Geschichten voller Leid und Trauer anhören, Geschichten von hungrigen Kindern und gequälten Vätern? Woche für Woche, Tag für Tag, Stunde für Stunde hörte der Rebbe von dem Unglück seines Volkes, mußte er zuhören, wie es sich in den verschiedenen kleinen Gemeinden zeigte, die meist von bösartigen Grundherren beherrscht wurden. Wie hätte er da ungerührt bleiben können! Eines Tages mußte er ja mit gebrochenem Herzen aufwachen.

Aber beim Seher von Lublin gab es noch andere, eher persönliche Dinge, die ihn belasteten.

Er überlebte sowohl seinen Lehrer, Rebbe Elimelech, wie auch seinen eigenen Nachfolger, den „Juden von Pshyscha". Den einen hatte er verletzt, der andere verletzte ihn.

Letztlich kann man es ja nicht verstehen. Warum hatte er es so eilig? Warum hatte er nicht auf Rebbe Elimelech gehört, der ihn so eindringlich gebeten hatte, noch etwas zu warten und später einmal das Königreich des Lehrers zu erben? Warum hatte er seinem alten Lehrer so weh getan? Und warum beklagte er sich, als ihm genau das gleiche geschah? Was der Seher seinem Meister angetan hatte, das tat der Jude von Pshyscha ihm nun selber an. Auch der Seher fühlte sich zurückgewiesen, verraten. Rebbe Elimelech hatte das vorausgesehen. Er hatte den Seher gewarnt: „Du hast kein Mitleid mit meinem hohen Alter – aber auch keines mit deinem."

Der Bruch zwischen Lublin und Pshyscha war für beide Führer tragisch. Es gab keine größeren Differenzen zwischen Lisensk und Lublin, wohl aber zwischen Lublin und Pshyscha. Die jungen Aufrührer behaupteten, daß der Chassidismus in Lublin zu populär sei und dadurch vereinfacht worden sei. Sie lehnten es ab, die Wunder so stark wie in Lublin zu betonen, und befürworteten statt dessen die Rückkehr zu Studium und hingebungsvoller Frömmigkeit, zu Selbstvollendung. Sie wollten zu den wahren Quellen ihrer Inspiration zurückkehren. Die Beziehungen zwischen den beiden chassidischen Strömungen wurde allmählich verbittert und zornerfüllt. Intrigen, Klatsch, ein enges Zusammengehörigkeitsgefühl brachte sogar Bruder gegen Bruder auf, entzweite Väter und Söhne. Mehrmals kam der Jude von Pshyscha persönlich zum Seher, um seinen Meister zu bitten, ihn nicht abzulehnen, ihn nicht zu verdammen. Die Wunden heilten vielleicht, aber die Narben blieben.

Bevor der Jude von Pshyscha starb, sagte er: „Ich hatte die Wahl zwischen ihm und mir. Da mein Gebet nur ein Leben retten konnte, habe ich mich für seines entschieden."

Als der Seher von seinem Tod hörte, weinte er und sagte: „Er wird unser Bote im Himmel sein, um das Kommen des Messias zu beschleunigen." Auch seine Schüler weinten so sehr, daß er sie trösten mußte. „Es stimmt", sagte er, „ein großer Lehrer ist gestorben. Aber vergeßt nicht: Gott lebt, also weint nicht!"

Sein Unglück war es, übriggeblieben zu sein. Er fühlte sich allein, zurückgewiesen von beiden, seinem Lehrer wie seinem Lieblingsschüler. Er hatte noch Freunde, Anhänger, Gefährten, besonders den Maggid von Koschnitz und Reb Mendel von Riminow, die beiden, mit denen er sich verschworen hatte. Zusammen versuchten die drei Rebben, die Gesetze der Zeit zu erschüttern und die Erlösung zu bringen. Die chassidische Literatur kennt kaum ein Vorhaben, das einen mehr bewegt oder rührt als die Geschichte dieser mystischen Verschwörung. Sie endete mit einem Fehlschlag. Alle drei starben im selben Jahr. Und der Seher, der so weit und tief sehen konnte, muß von Anfang an geahnt haben, daß der Messias nicht kommen würde, jetzt nicht und noch lange nicht. Wie hätte er da nicht traurig sein sollen?

Auf seinem Totenbett wollte er, daß seine dritte Frau ihm versprach, nicht noch einmal zu heiraten. Sie lehnte das ab. Er bestand nicht auf seiner Bitte, blieb ruhig und freundlich. Dann begann er das Sch'ma Jissrael aufzusagen mit wachsender Andacht, sein Gesicht leuchtete wie nie zuvor.

Fragen wir am Ende noch einmal: Was geschah an diesem Simchat-Torah-Abend in Lublin? Was hatte den Unfall verursacht? War es überhaupt ein Unfall? Und wenn ja – was für einer?

Warum verließ der Seher das ausgelassene Fest? Warum hörte er auf zu tanzen? Warum hatte er der Rebbezin gesagt, sie solle ein Auge auf ihn halten? Hatte er Angst? Und wenn ja: vor wem, wovor hatte er Angst?

Überfiel ihn ganz plötzlich eine tiefe Traurigkeit und Niedergeschlagenheit? Wollte er auf diese Weise Gott sagen: Entweder Du rettest Dein Volk – oder Du löschst mich aus Deinem Buch aus. Ich möchte nicht länger leben, wenn Du kein Ende machst mit dem Leiden der Juden.

Er war gescheitert bei seinem Versuch, den Messias durch Freude zu bringen. Könnte es sein, daß er es nun mit Verzweiflung versuchte?

Vielleicht erkannte er plötzlich, daß es zu früh war für die wirkliche Erlösung. Daß die Trümmer Jerusalems noch nicht so bald verschwinden würden. Sein vertrauter Gefährte war tot, seine Verbündeten und Mitschuldigen waren entwaffnet. Er muß sich einsamer als je zuvor gefühlt haben, untröstlich.

Vielleicht erinnerte er sich, wie er in seiner Jugend zum ersten Mal den unwiderstehlichen Drang gespürt hatte, in den Abgrund zu springen, um Gott ein Opfer zu bringen. Gott, der das Opfer der Freude nicht angenommen hatte.

Vielleicht hatte der Seher in plötzlicher Angst, die ihn wie ein Blitz durchfuhr, einen Schimmer der weit entfernten Zukunft aufgefangen und ahnte, daß die Nacht sich auf das jüdische Volk, besonders über seine mitleidigsten und selbstlosesten Kinder, die Chassidim breiten würde? Verirrte er sich deshalb nach draußen? Um unter dem düsteren Himmel zu warten, preisgegeben und zerschmettert, ohne alle Hoffnung zu warten, durch verschiedene Generationen hindurch zu warten, wenn nötig auf andere Opfer und andere Katastrophen?

Lublin: das Heiligtum, Mittelpunkt der chassidischen Träumer. Lublin damals, Lublin heute.
Irgendwo nimmt eine chassidische Gruppe an einer nächtlichen Prozession teil. Sie singen, sie tanzen, wenn sie sich den riesigen Flammen nähern, die bis an den Himmel reichen. Schließlich ist trotz allem heute Simchat-Torah, und sie müssen die Ewigkeit Israels feiern und auf den Messias warten, dessen Vorstellung von Ewigkeit – aber nicht die von Israel – offensichtlich anders als ihre ist.

Lublin wurde während der dunkelsten Stunden ein Zentrum von Qual und Tod. Lublin, ein Sammelplatz für verurteilte, verdammte Juden, die zum nahen Belsez geführt werden. Lublin steht für Majdanek. Lublin steht für den großen Sturz nicht nur von einem Mann, nicht nur von einem Volk, sondern für den Fall der Menschheit.

Und dennoch, dennoch...

Was lernen wir aus all dem? Wir lernen, daß die Geschichte von Lublin Lublin überlebt hat, daß die Schönheit von Lublin stärker ist als Lublin selbst. Wir lernen, daß ein Chassid noch lange nicht darf, was einem Zaddik erlaubt ist. Der Meister darf der Verzweiflung nah sein, sein Schüler nicht. Der Chassidismus ist eine Bewegung, die aus der Verzweiflung herausführt, von ihr fortführt, eine Bewegung, die sich gegen die Verzweiflung richtet. Nur der Chassidismus? Auch das Judentum. Wer ist Jude? Ein Jude ist derjenige, dessen Lied nicht zum Schweigen gebracht werden kann und dessen Freude von keinem Feind getötet werden kann. – Niemals.

*Die Freude öffnet die Tore
des Himmels:
Rebbe Naphtali von Ropschitz*

Es geschah am *Schabbat-Hagadol,* dem „großen Sabbat" vor Pessach, diesem wichtigen, aber leider auch teuren Fest. Man braucht viel Geld, um es so zu feiern, wie man es feiern sollte, eine ganze Menge Geld. Aber die Ropschitzer hatten kein Geld, jedenfalls fast keines. Es gab nur ein paar reiche Kaufleute dort, alle anderen lebten von der Hand in den Mund, sorgten sich um jeden Pfennig, jedes Stück Brot, das sie nach Hause brachten. Die Männer waren dauernd überarbeitet, den Frauen ging es nicht besser. Selbst die Kinder waren vor Hunger und Erschöpfung ganz blaß. – Immer dasselbe Bild, das ganze Jahr hindurch, und das war schon schlimm genug. Aber in dieser Woche vor Pessach wurde es noch schlimmer, denn an diesem Fest soll sich jeder Jude frei und unabhängig fühlen, frei von allem Kummer, allen Fesseln – frei wie ein König.

An diesem besonderen Sabbat predigt deshalb der Rabbiner der Gemeinde, Rebbe Naphtali, über das Thema der *Zedaka,* der Barmherzigkeit. Er fängt mit Gleichnissen an, beruft sich dann auf die Autorität der talmudischen Gelehrten und häuft schließlich Argument auf Argument, er bittet die, denen es gut geht, mit denen zu teilen, die nichts haben, mit den Opfern des Himmels, den Ausgebeuteten, um sie wenigstens nicht am *Seder*abend in Verlegenheit zu bringen, wenn der Prophet Elias durch die offene Tür eintreten und ihr Ehrengast sein wird.

An keinem Fest spielt das Essen eine so große Rolle, an keinem anderen Fest ist das Geld so wichtig.

Rebbe Naphtali tut, was er kann: er erklärt, argumentiert, bittet, befiehlt. Noch nie hat er mit solchem Eifer gesprochen, noch nie hat er seine ganze Seele in jedes einzelne Wort hineingelegt. Denn dies war die Zeit im Jahr, in der die Armen sich noch ärmer fühlen. Er *mußte* ihnen eine Freude zum Fest machen, er *mußte* es schaffen, seine Gemeinde zu überzeugen. Um jeden Preis.

Als er nach dem Gottesdienst nach Hause kam, fiel er völlig erschöpft in seinen Sessel. Seine Frau fragte ihn, wie es gewesen sei. Sind viele Leute dagewesen? Ja, viele, der Platz war gerammelt voll. War der Sowieso da? Ja. Und die Sowieso? Auch die. Hast du gepredigt? Ja. Warst du gut? Ich glaube schon. Hast du sie überzeugen können? Rebbe Naphtali lächelt und antwortet: „Ich war nur halb erfolgreich, aber das ist gar nicht so schlecht." Und als seine Frau offensichtlich nicht versteht, wie er das meint, erklärt er: „Ich habe zwar die Armen überzeugt, sich beschenken zu lassen, aber leider nicht die Reichen zu geben."

Rebbe Naphtali ist originell und amüsant, er ist mit allen großen Meistern befreundet und ihnen ebenbürtig, was er auf seine Art zeigt: Er wagt es, dem heiligen Seher von Lublin, der seinen Sinn für Humor nicht schätzte, ebenso zu widersprechen wie Rebbe Mendel von Riminow, der seinen politischen Ansichten mißtraute. Er wagt es sogar, sich mit allem Respekt über den Gründer einer Schule lustig zu machen, den verehrten Rebbe Elimelech von Lisensk. Er ist das enfant terrible des Chassidismus. Andere Meister sprechen von Gott, er erörtert alltägliche, höchst irdische Angelegenheiten. Andere Rebben weinen, er lacht – und was noch besser ist: er bringt andere Menschen zum Lachen. Die anderen neigen dazu, das Leben ernst, wenn nicht gar tragisch zu nehmen. Er nahm nur wenige Dinge ernst: Das Lachen gehörte dazu. „Warum lachst du, während ich weine?" fragte Rebbe Mendel von Riminow. „Weil du weinst, während ich lache", antwortete er. Für ihn spielte das Lachen eine philosophische, ja eine quasi-religiöse Rolle. Mit ihm kam das Lachen in die chassidischen Erfahrungen und Geschichten, nun ist es für immer mit ihnen verbunden.

Es heißt, der berühmte Rebbe Israel, Maggid von Koschnitz, habe über solche Kräfte verfügt, daß ihm in den höheren Sphären nichts abgeschlagen werden konnte. Hatte er eine einfache Bitte vorzubringen, pflegte er die Augen zu schließen und ein Gebet zu flüstern. War eine Bitte schwieriger zu erfüllen, schloß er sie in seine Gedanken während des Gottesdienstes ein. Aber die kompliziertesten Fälle nahm er stets erst spät in der Nacht in Angriff, wenn es still und ruhig war. Denn jede Nacht saß er um Mitternacht auf dem Boden, hatte seine Stirn mit Asche bedeckt und weinte über die Zerstörung des Tempels, deren Flammen noch immer in seinen Augen flackerten. Und immer weinte er so voller Schmerz, daß man ihm dort oben einfach zuhören mußte. Seine Tränen konnten alle Tore öffnen, und mitten in seiner Litanei ließ er schnell eine dringende Bitte für den einfließen, der in der Ferne im Gefängnis verkommt, für den, dessen Frau im Sterben liegt, oder für eine untröstliche alte Jungfer. Und alle seine Wünsche wurden erfüllt! Und er wußte das und freute sich darüber.

Nur einmal wurde er abgewiesen, in dieser besonderen Nacht fanden seine Bitten kein Gehör, bewirkten seine Tränen im Himmel gar nichts. Unglücklich bat er um eine Erklärung. Als er sie erhalten hatte, verstand er und verzieh.

Denn in derselben Nacht war Rebbe Naphtali auf dem

Weg nach Koschnitz gewesen. In einem Gasthof, in dem er angehalten hatte, um ein wenig auszuruhen, war eine Hochzeit in vollem Gange. In vollen Zügen genossen die Männer und Frauen das Trinken, Essen und Tanzen. Nur die Braut war traurig, schrecklich traurig. Rebbe Naphtali, der inkognito reiste, wollte sie trösten.

„Warum bist du traurig?" fragte er.

„Weil auf der Hochzeit etwas fehlt", antwortete sie, „etwas, was einfach dazugehört, um sie überhaupt fröhlich und festlich zu machen: ein Narr! Es fehlt ein Spaßmacher, der uns alle zum Lachen bringt. Darum bin ich traurig."

„Ist das alles?" rief der Rebbe aus. „Dann hör nur auf, traurig zu sein! Denn der Himmel, gepriesen sei er, hat diese Möglichkeit vorausgesehen und mich heute hierhin geschickt, um deine Traurigkeit zu vertreiben. Denn ich bin ein *badchan* von Beruf, ein Spaßmacher, ein Narr, ein Hochzeitsspezialist!"

Und er machte sogleich Gedichte auf die ganze Gesellschaft, den Gastwirt, den Rebbe, den Kantor und zeigte dabei so viel Geschick, so viel Humor, daß alle Gäste seinem Zauber verfielen und ihm mit langem und ausdauerndem Lachen antworteten. Auch die Braut wurde heiter. Um sie noch fröhlicher zu machen, sang Rebbe Naphtali voller Ausgelassenheit, erzählte lustige Geschichten und tanzte und tanzte. Alle Gäste rund um den Tisch schüttelten sich vor Lachen – und dort oben im Paradies unterbrachen alle Weisen und Heiligen, die um ihre und unsere Meister sitzen, ihr Studium, hörten Rebbe Naphtali zu und lachten und lachten. Und die Engel vergaßen ihre nächtlichen Aufträge, baumelten mit ihren Flügeln und lachten und lachten. Und im Palast des himmlischen Gerichts hörten die Richter auf zu urteilen und zu verurteilen, denn der Ankläger hatte aufgehört, anzuklagen, und auch sie konnten dem Lachen nicht widerstehen. Der Höchste Richter selbst nahm die Gebete und Litaneien seiner Diener – einschließlich der Tränen des Heiligen Maggid von Koschnitz – nicht mehr an, denn auch Er hörte den lustigen Geschichten von Rebbe Naphtali zu. Und auch Er lachte und lachte.

Später soll der *Maggid* von Koschnitz seinem Freund und Schüler gesagt haben: „Naphtali, Naphtali, weißt du überhaupt, wie stark du bist? Was ich mit meinen Tränen nicht erreichen kann, erreichst du mit deinem Lachen." Rebbe Naphtali wurde 1760 in Linsk geboren, einem kleinen Flecken in Galizien, an genau demselben Tag, an dem Rebbe Israel Baal Schem Tow starb. Vielleicht war das nur ein einfacher Zufall? Der Chassidismus leugnet Zufälle. Kein Ereignis steht vereinzelt da. Jedes Zusammentreffen bedeutet irgend etwas. Einige Schüler spielten darauf an, daß Rebbe Naphtali in höherem Sinne als Nachfolger des Bescht gelten müsse. Das ist gut möglich, insofern das von allen großen Meistern gesagt werden kann und gesagt wurde. Nun hatten aber gerade diese beiden Persönlichkeiten wenige Züge gemeinsam: War der Bescht der vollkommene Meister, dann war Rebbe Naphtali der vollkommene Schüler.

Sein Vater, ein bekannter Talmudist, war amtlicher Ortsrabbiner und stand dem Chassidismus ziemlich feindlich gegenüber. Anders seine Mutter. Sie war es, die den kleinen Naphtali zum Chassid machte. Als er 13 Jahre alt war und *Bar Mizwah*, Sohn des Gesetzes, wurde, ging sie mit ihm zu dem großen Rebbe Michal von Slotschow, einem Schüler des Bescht und einem Begleiter des Maggid von Mesritsch. Rebbe Michal half also Rebbe Naphtali, das erste Mal die Tephillin anzulegen, und er bemerkte dabei: „Jetzt habe ich deine Seele hier oben festgebunden, und dieser Knoten wird halten."

Bald darauf wurde Naphtali mit der Tochter eines wohlhabenden Juden verlobt, einem Weinhändler aus Brody. Die Hochzeit war eine Sensation, genauso wie die Scheidung ein Jahr danach. Warum ließ Naphtali sich scheiden? Eines Tages kam er nach Hause und überraschte seine Frau, als sie sich gerade vor dem Spiegel herausputzte. „Aber das hast du doch nicht nötig", sagte er, „ich liebe dich doch so, wie du bist!" „Und all die anderen Männer? Zählen die vielleicht nicht?" antwortete sie. Diese Unverfrorenheit traf ihn so, daß er aus seinem Haus floh, bei dem Rebbe von Slotschow Zuflucht suchte und schon entschieden war, sich scheiden zu lassen.

Als er ein Jahr später wieder heiratete, ließ er sich in Ropschitz als offizieller Rabbiner nieder. War er mit seiner zweiten Frau glücklicher? Ein Zeuge, Rebbe Jesekiel, bestreitet das. Ich zitiere: „Rebbe Naphtali von Ropschitz hatte die seltene und beeindruckende Macht, den Messias zu bringen, aber er konnte sie nicht einsetzen, der Himmel hinderte ihn daran, denn er bekam eine Frau, die ihn störte, langweilte und ärgerte, eine Frau, die ihm auf die Nerven ging."

Sie konnte gar nicht oft genug ihre Belesenheit und Frömmigkeit betonen. So bemerkte sie eines Tages, ihr Vater habe stets bedauert, daß sie als Mädchen und nicht als Junge zur Welt gekommen sei, denn als Junge wäre sie der größte aller Gelehrten geworden, die überhaupt gelebt hätten. „In diesem Fall bin ich mit deinem Vater völlig einer Meinung", sagte Reb Naphtali, „auch mir tut es leid, daß du kein Junge geworden bist."

Machte sie ihm das Leben schwer, weil er so selten zu Hause war? Oder war es umgekehrt: war sie es, die ihn aus dem Haus trieb? Wie auch immer, Tatsache ist, daß man ihn leichter bei anderen Leuten als in seinem eigenen Haus antreffen konnte. Obwohl er der beamtete Rabbiner einer ganzen Stadt, später auch der seines Geburtsortes war, weil er die Position seines Vaters geerbt hatte, brachte er es fertig, seine Amtspflichten an beiden Orten zu erfüllen – und zur selben Zeit noch in allen Hauptstädten der chassidischen Welt herumzukommen.

Er verbrachte ein Jahr am Hof des Rebbe Mordechai von Neschchiz, dann einige Zeit bei Rebbe Elimelech von Lisensk. Dieser wollte ihn zunächst nicht als Schüler annehmen. „Ich will keine Stars in meinem Haus", sagte er. Tief getroffen streckte sich der Junge Naphtali auf dem Fußboden aus und fing an, bittere Tränen zu vergießen, sogar Blut spuckte er. „Was kann ich denn dafür, daß mein Vater Rabbiner ist?" Der Zaddik von Lisensk gab schließlich nach.

Aber dies waren nur vorübergehende Bindungen. Andere, dauerhafte verbanden ihn mit dem Seher von Lublin, dem Maggid von Koschnitz und Reb Mendel von Riminow. Er suchte ihre Gesellschaft, bewunderte sie, und zwar alle drei auf einmal, so als wolle er dem Ausschließlichkeitsanspruch der Lisensker widersprechen. Rebbe Naphtali zeigte, daß man mehr als einem Meister verbunden sein konnte, daß man mehr als nur einem Zaddik glauben konnte. Er war so fest davon überzeugt, daß er sich weigerte, selbst als Rebbe aufzutreten, solange seine Meister noch lebten.

Alle drei starben im Verlauf desselben Jahres 1815–1816. Er selbst starb 1827. Seine Herrschaft dauerte also nur ungefähr zehn Jahre.

Zeit genug, um Spuren im Leben, auf den Wegen und in der Sprache des Chassidismus zu hinterlassen. Aber auch Zeit genug, um Schüler an sich zu binden wie Rebbe Chaim von Tschans und Rebbe Scholem von Kaminka. Seine Schüler waren oft in der Küche anzutreffen – beim Kartoffelschälen. Reb Chaim sagte gern von ihm: „Ich habe ihn nie Rebbe genannt, denn ich habe nichts von ihm gelernt. Ich konnte nichts von ihm lernen. Er war zu unergründlich. Alles, was ich von ihm mitgenommen habe, ist... *jir'at schamajim,* die Furcht des Himmels."

Zehn Jahre, das ist Zeit genug, sich auch Feinde zu machen, sowohl innerhalb wie auch außerhalb der chassidischen Bewegung. Seine Gegner, die Mitnagdim, machten ihm das Leben so unerträglich, daß er ihnen ihre Strafe prophezeite: Sie sollten alle zweimal leben müssen, das nächste Mal als Hunde. Innerhalb des Chassidismus war sein größter Feind Reb Schlomo-Leib von Lentscheno. Aber wie das bei innerchassidischen Streitigkeiten so ist, ging es auch bei dieser nicht allzu ernsthaft und hitzig zu. Rebbe Naphtali litt, aber er zeigte es nicht. Wenn er seinen Kritikern antwortete, zitierte er den biblischen Satz: „Und die Israeliten waren neidisch auf beide, auf Moses wegen seiner Zurückgezogenheit, auf Aaron wegen seiner Umgänglichkeit."

Aber Naphtali hatte weniger Gegner, weniger Rivalen, weniger Feinde als die meisten übrigen Meister. Selbst bei den Zaddikim der Dynastien, mit denen er kaum etwas zu tun hatte, stand er in hohem Ansehen. Der Ryshyner, der Pschemislawer und selbst der Rebbe aus Pshyscha lobten seine Klugheit. Er wurde an alle Höfe, zu allen Festen eingeladen. Alle Meister hielten ihm die Treue, weil er zu ihnen hielt, zu jedem von ihnen.

Er verstand sich selbst nicht als Regent, sondern als Botschafter, als Verbindungsglied zwischen den verschiedenen Rebben.

Wenn zwei Rebben verfeindet waren oder miteinander rivalisierten, war das für Rebbe Naphtali noch lange kein Grund, nicht zu beiden gleich freundlich zu sein. Die meisten Führer suchten ihn für sich zu gewinnen, denn sie hielten ihn nicht nur für einen wertvollen Freund, sondern auch für einen erfahrenen Mann. In der chassidischen Literatur wird er oft als weiser Mann beschrieben. Weisheit ist sozusagen sein Markenzeichen. „Rebbe Naphtali ist ein *chochem*, ein Weiser", sagten sie stets.

Eine seltsame Bezeichnung? Er galt auch als heiterer glücklicher Optimist. Oft geriet er wegen seines Humors in Schwierigkeiten, wurde aber immer gerade durch diesen Humor auch gerettet. Gern neckte er die Meister, die er gleichzeitig bewunderte.

Wenn der Ryshyner ihm ein Kompliment machte und auf einige protestierende Worte wartete, kam Naphtali dieser Erwartung gerade nicht nach. Der Maggid von Koschnitz, der ständig kränkelt, geht mal wieder in die *Mikwe*, in das rituelle Tauchbad. Rebbe Naphtali zeigt, was er davon hält, indem er in sein Bett schlüpft. Rebbe Elimelech besteht darauf, sich eine Stunde lang zwischen *Mincha* und *Maariw* zurückzuziehen? Reb Naphtali versteckt sich unter seinem Bett. Wenn das noch nicht deutlich genug war, wagte er es, ihn öffentlich nachzuahmen. Dann lehnte er sich wie Reb Elimelech auf seinen Stock, sammelte sich wie er und spendete seinen bekümmerten Anhängern in gekonnter Nachahmung den Segen. Es war seltsam: Rebbe Elimelech, der für sein aufbrausendes Temperament bekannt war, ließ das zu. „Aha", sagte er, „ich sehe schon, du hast meine Tricks heraus."

Rebbe Naphtali konnte sich selbst noch größere Beleidigungen leisten. Vielleicht, weil er sie nicht gegen einzelne Zaddikim richtete, sondern gegen alle. Er war einer von ihnen und gehörte gleichzeitig doch nicht ganz zu ihnen. Andere Rebben ziehen Bewunderer an, weil sie ihnen Wunder bieten? Er wirkt keine Wunder und will keine Bewunderer. Er sagt: „Rebbes beten normalerweise darum, die Leute möchten zu ihnen kommen, um bei ihnen Hilfe zu finden. Ich aber bete, sie mögen zu Hause Hilfe finden."

Und... man vergibt ihm. Man sieht ihm seine skeptischen Kommentare, seine scharfen Bemerkungen nach. Man vergibt seine Art, sich liebevoll über Kollegen lustig zu machen, und man trägt ihm nicht nach, wenn er ihre Gewohnheit bespöttelt, Geld für ihre Dienste anzunehmen. Als er einmal eingeladen wurde, den Sabbat in Wielipol zu verbringen, fordert er ein Honorar: 20 Münzen. Sie versprachen zu bezahlen, taten es aber nicht, sie konnten es gar nicht. Deshalb forderte er, man müsse ihm die Kerzenleuchter der Synagoge überlassen. Brauchte er sie? Nahm er sie? Natürlich nicht; das war seine Art, Honorare zurückzuweisen. Ein Besucher fragte ihn: „Wir haben gelernt, daß das Universum vor 6000 Jahren erschaffen wurde. Astronomen behaupten nun aber, es gäbe einen Stern, der nur alle 36 000 Jahre zu sehen sei." „Na und?" fragte der Rebbe. „Gott ist auch in diesem Geheimnis zu finden. Ihn mußt du suchen, nicht den Stern!"

Ihm vergab man alles, wegen seines Humors. Außerdem richtete er seinen Witz gegen das Establishment, nicht gegen die einfachen Gläubigen. Er liebte die Rebben, er liebte die Chassidim und wollte beides sein, deshalb diente er als Brücke zwischen beiden.

„Lange wollte ich keine führende Rolle spielen", sagte er, „weil man als Rebbe seinen Anhängern nur schmeicheln muß. Ich hatte mir deshalb vorgenommen, Schneider, Flickschuster oder Straßenkehrer zu werden, Badediener oder Küster. Und dann sah ich ein, daß auch ein Schneider seinen Kunden schmeicheln muß, genauso wie ein Flickschuster und ein Küster. Dann konnte ich auch genausogut Rabbiner werden."

Auch noch als Rebbe bewahrte er ironische Distanz zu sich selbst. „In entfernteren Gegenden nennt man mich Rebbe Naphtali von Ropschitz, in Ropschitz, wo ich nur allzu bekannt bin, werde ich als Rebbe von Ropschitz angesprochen. Aber meine Frau, die mich am besten kennt, nennt mich einfach Naphtali." Er selbst hatte den Zunamen Naphtali *der Belfer,* d. h. Hilfslehrer, am liebsten.

Seine allererste Predigt erregte Aufsehen: Es ist üblich, daß der Prediger am Sabbat drei Regeln berücksichtigt: Seine Rede muß wahr sein, sie muß kurz sein und sich auf die Sidra, den Wochenabschnitt, beziehen. Er sagte: „Ich bekenne, daß ich nicht weiß, welcher Abschnitt diese Woche zu lesen ist." Das ist wahr, kurz und trifft den Kern. Ende der Rede.

(Sein praktischer Rat für Prediger war folgender: Beginne mit einer knappen Einleitung, komme plötzlich zum Schluß und füge nichts dazwischen ein!)

Ein anderes Mal stieg er auf die *bimah,* das Podium. Es war am *Schabbat Schuwa,* dem Sabbat zwischen Rosch-Haschana und Jom Kippur. Eine Zeitlang, die jedem sehr lang vorkam, starrte er schweigend auf die Versammlung. Dann sagte er: „Was ist der Mensch? Ein Wurm auf Erden. – Und trotzdem fürchtet ihr euch vor seinen Worten!" Und er stieg ohne ein weiteres Wort von der bimah herunter.

Aber seine Stärke lag weniger im Predigen als im Gespräch. Sein Sinn für Humor war direkt, konkret und verriet einen flinken und scharfen Verstand. Jedes seiner Worte saß.

Schon als Kind verblüffte er die Erwachsenen mit seinen schlagfertigen Antworten. Einmal wandte sich ein Gast, der mit seinem Vater befreundet war, an Naphtali: „Naphtali, wenn du mir sagst, wo Gott zu finden ist, will ich dir ein Goldstück geben." Das Kind antwortete: „Und ich gebe dir zwei, wenn du mir sagen kannst, wo er *nicht* zu finden ist."

Ein Chassid bat ihn, sich für ihn im Himmel zu verwenden, und sagte: „Ich studiere und lerne Torah Tag und Nacht und merke keinerlei Fortschritte. Immer noch kenne ich die Torah nicht!" Der Rebbe blickte nur kurz auf und sah dem Chassiden ins Gesicht: „Gott hat dir nicht aufgetragen, seine Gesetze zu kennen, sondern sie zu studieren", das war die Antwort.

Einmal suchte ihn ein reumütiger Chassid auf und erzählte eine Geschichte, eine geradezu klassische Geschichte – von einem Freund, der alle Sünden begangen hat, die die Torah aufzählt: Vergehen gegen Gott, gegen die Menschen, gegen sich selbst. Aber nun habe der Freund das Licht gesehen, er bereue und würde gern wissen, was er tun müsse, um seine Sünden wiedergutzumachen. Aber er fürchte sich und wage nicht, selber zu kommen. „Welchen Rat würdest du ihm geben?" „Ich würde ihm raten, selbst zu kommen und zu sagen, er spreche nicht für sich, sondern für einen Freund", war die listige Antwort des Rebbe.

Einmal sammelte er Geld, um Gefangene freizukaufen, und kam auf seinem Weg in ein kleines Dorf, in dem ein Jude lebte, der für seinen Reichtum genauso bekannt war wie für seinen Geiz.

Voller Angst vor den Überredungskünsten des Rebbe versteckte sich dieser Jude auf dem Heuboden unter riesigen Heubündeln.

Der Ropschitzer kannte seinen Mann und ging direkt auf das Versteck zu. Als er dem verlegenen Geizhals Auge in Auge gegenüberstand, fand er folgende geschickte Anrede: „Der Talmud sagt, Gastfreundschaft zu gewähren sei noch wichtiger, als die Schechina zu empfangen.

Bisher habe ich nie recht verstanden, warum – jetzt verstehe ich es: Um die Schechina zu begrüßen, verhüllte

Moses sein Gesicht. Du dagegen – wenn du Gäste empfängst, verhüllst du deinen ganzen Körper!"

Er haßte Geizkragen, er haßte sie fast ebenso wie Heuchler. Heuchelei war für ihn eine besonders entwürdigende Sünde. Besonders gern stellte er Schwindler bloß, und nichts machte ihn glücklicher, als jemanden zu entlarven, der als angeblicher Asket nur Eindruck schinden und angeben wollte. „Der Mensch hat das Leben erhalten, um es zu leben", sagte er gern. „Wer sein Leben verstümmelt, handelt genauso wie einer, der eine Quelle zuschüttet. Wer ein Leid freiwillig wählt, handelt so, als würde er ein seltenes und unersetzliches Geschenk zurückweisen. Die Pfade des Paradieses führen durch dieses unser Leben", behauptete er.

Übrigens zeigte er nur ein bedingtes Interesse am Paradies. Ohne auch nur im geringsten zu zögern, versicherte er: „Es ist besser, mit weisen Männern zur Hölle zu fahren als mit Dummköpfen ins Paradies zu kommen." Der Seher von Lublin warf ihm vor, er nähme die Intelligenz zu wichtig. Darauf antwortete er: „Es stimmt, die Torah gebietet dem Menschen, naiv oder ganz – *tamin* – mit Gott vereint zu sein. Nur – um naiv sein zu können, muß man sehr intelligent sein!" Bei einer anderen Gelegenheit sagte er: „Drei grundlegende Tugenden machen den Menschen fähig, die Wahrheit zu verstehen und mitzuteilen. Es sind: Freundlichkeit, Frömmigkeit und Intelligenz. Freundlichkeit allein führt zu Unverbindlichkeit, bloße Frömmigkeit kommt der Dummheit ziemlich nahe, die reine Intelligenz endet im Verbrechen. Entscheidend ist deshalb, daß alle drei Fähigkeiten gleichzeitig vorhanden sind, sollen sie dem Menschen etwas nützen." Er besaß sie alle drei. Bekannt war er aber vor allem für seine Klugheit, seinen Witz und seine Intelligenz.

Gerade deshalb taucht die Frage auf: Was machte ihn

so klug? Worin bestand seine Klugheit? In seinen beiden hinterlassenen Sammlungen finden wir Kommentare zur Torah, wir wiederholen seine Anekdoten, wir lächeln, wir lachen – aber es verschlägt uns nicht die Sprache. Wir sind nicht von der Tiefe seiner Erkenntnisse, auch nicht von seiner Belesenheit beeindruckt. Im Gegenteil, seine Metaphern sind zwar durchaus brillant, lassen aber den Schmerz vermissen, der die Aussprüche des Kozkers prägen, oder das Feuer, das die Geschichten des Brazlawers auszeichnen. Wo zeigt sich die *Chochma* Reb Naphtalis? Seine Weisheit und Klugheit, von der die chassidische Literatur so viel spricht? War er weise, weil er es verstand, verschiedenen Meistern zugleich zu dienen, ohne ihre Eifersucht zu erregen? Weil er sich amüsierte und Spaß verstand? Weil er gesunden Menschenverstand besaß, weil er einfach zu leben und Freunde zu finden wußte?

Gern würden wir seine Definition von *Chochma* kennen, aber sie ist leider nirgends formuliert oder überliefert. Bedeutete sie für ihn Klugheit, Schläue, Intuition? Wir wissen nur, daß er immer, wenn man auf seine Weisheit anspielte, mit einer geistreichen Bemerkung antwortete, als ob er beweisen wollte, daß er sie selbst nicht allzu ernst nahm. Schon das Wort allein löste bei ihm ein eigenartiges Verhalten aus, das in keinem Verhältnis zum Gegenstand stand.

Eines Tages wandte sich der Ryshyner an ihn: „Man hält dich für einen Weisen, erzähl uns doch eine Geschichte!" Und Rebbe Naphtali fügte sich, er erzählte eine Geschichte, eine schreckliche Geschichte: Wie er einmal vor langer Zeit in einem Dorf einen notorischen Geizhals getäuscht hatte, indem er sich als Schwiegersohn von Rebbe Meir Baalha-Ness, dem Ehemann der Beruria, also einen berühmten Wundertäter des 2. Jahrhunderts unserer Zeitrechnung ausgegeben hatte. Zum Narren gehalten, gab der primitive Mann ihm Geld, das er, der Ropschitzer, mit seinen Gefährten in Schnaps umsetzte. Sollte das vielleicht ein Zeichen von Weisheit oder Mitleid sein, den Kerl schlecht zu behandeln – auch wenn dieser noch so unwissend und armselig sein mochte? Überraschender ist noch der Kommentar des Ryshyners: „Ich wußte ja, daß du ein Weiser bist. Aber nicht, daß deine Weisheit so eine ist!" Und er brach in Lachen aus.

Worüber lachte er? Auf wessen Kosten?

Wie Reb Naphtali denkt, ist leichter zu verstehen, wenn man ihm im Gespräch mit Jüngeren oder mit einfacheren Menschen begegnet. Er selbst erzählte gern, er habe drei Wortgefechte verloren.

Das erste Mal verlor er eines gegen seinen Sohn, den späteren Rebbe Elieser von Dschikow. Als Rebbe Naphtali ihn eines Tages wieder einmal beim Spielen ertappte, tadelte er ihn, weil er so wertvolle Zeit vergeude, Zeit, die er besser hätte nutzen können – zum Torahstudium beispielsweise. „Ich kann nichts dafür", sagte der kleine Junge, „der *jezer-Rah,* der böse Trieb, ist schuld! Er ist es, der mich zur Sünde verleitet!" „Das war eine gute Antwort, mein Sohn", sagte der Vater, „aber du solltest dem Beispiel des *jezer-Rah* folgen. Selbst er erfüllt Gottes Willen, nämlich wenn er dich zur Sünde verleitet. Warum machst du es nicht genauso?" „Er hat es leicht", sagte der kleine Junge, „der *jezer-Rah* hat keinen *jezer-Rah,* der ihn gegen Gottes Willen beeinflussen kann."

Das zweite Mal wurde Naphtali von einem kleinen Mädchen besiegt, das er in einem Dorf getroffen hatte, in dem nur etwa zehn jüdische Männer wohnten. „Ich verstehe das nicht", sagte der Rebbe zu dem kleinen Mädchen. „Entweder der Friedhof oder die Synagoge ist überflüssig. Wenn einer der zehn Männer, die für den Gemeindegottesdienst unerläßlich sind, stirbt, wird kein

Gottesdienst mehr in der Synagoge stattfinden können. Wenn aber keiner stirbt, wozu braucht man dann einen Friedhof?" „Mach dir keine Sorgen", sagte das kleine Mädchen, „die Synagoge wird geöffnet bleiben, und der Friedhof... der ist für Fremde."

Die dritte Niederlage brachte ihm ein Kutscher bei: Er war am Vorabend von Simchat-Torah. Die Chassidim waren vergnügt und feierten – wie es sich gehört – die Gegenwart und Heiligkeit der Torah, indem sie bis zur Trunkenheit tanzten und bis zur Ekstase sangen. Plötzlich entdeckte Rebbe Naphtali in der Menge einen Kutscher, von dem jeder wußte, wie unkultiviert und ungebildet er lebte. „Was!" rief der Rebbe. „Du nimmst an diesem Fest teil? Ausgerechnet du! Du studierst doch nie die Torah, hältst die Gebote fast nie, und wenn du sie überhaupt hältst, dann schlecht. Was geht dich dieses Fest an?" Der Kutscher antwortete: „Rebbe, wenn mein Bruder eine Hochzeit ausrichtet, eine Bar-mizwah-Feier oder irgendein anderes Fest, darf ich daran nicht teilnehmen?"

Diese scheinbar herzlose Geschichte wirft auf ihn, den Rebbe, ein schlechtes Licht, nicht auf den Kutscher. Dennoch erzählte Naphtali sie, um zu zeigen, daß der Kutscher mehr verstanden hatte als er.

Denn dieser höchst komplizierte Zaddik war trotz seines Auftretens zutiefst bescheiden und traurig. Aber seine Bescheidenheit war unter Arroganz und Stolz versteckt. Genauso mußte man die Melancholie hinter seiner Ausgelassenheit erst suchen.

Es heißt, eines Tages sei er von einem Besucher aus seinem Heimatdorf aufgesucht worden, als er gerade auf dem Boden saß und, das Gesicht in Tränen gebadet, die Zerstörung des Tempels in Jerusalem beweinte. Aber noch bevor der Besucher ihn für einen verborgenen Heiligen halten konnte, ließ der Rebbe seiner Selbstbeweihräucherung freien Lauf und sagte laut: „Wenn doch die Juden von Ropschitz nur die wahren Fähigkeiten, die außergewöhnliche Größe ihres Rebben begreifen würden!" Ihm war es lieber, die Leute hielten ihn für eitel und für einen Schauspieler als für einen Gerechten.

Häufig kommentierte er den Abschnitt im Talmud, demzufolge Gott Moses „*Dor dor wedorshaw*" – alle künftigen Generationen und deren Führer zeigte. „Warum nannte Gott nicht die Führer zuerst?" fragte er und antwortete selbst: „Wegen des Rückschritts in der Geschichte. Je mehr wir uns unserer Gegenwart nähern, desto weniger beeindruckend sind ihre Führer. Stell dir vor, mich träfe Moses' Blick. Zweifellos würde er ausrufen: ‚Was? Auch Naphtali ist Rebbe geworden?' Aber wenn Gott ihm schon vorher meine Zeitgenossen gezeigt hätte, würde Moses wohl alles verstehen und sagen: ‚Es ist schon gut, meinetwegen kann selbst er Führer sein – leider!'"

Naphtali war streng mit ihnen, aber auch streng mit sich selbst.

Um ihn besser verstehen zu können, müssen wir sein Verhältnis zu seinem bevorzugten Gebot, zum Feiern des Laubhüttenfestes, *Sukkoth,* untersuchen. Wie der Berditschewer sagte auch er, daß sein ganzes Herz zutiefst in diesem Gebot verwurzelt sei.

Kein Tag verstrich, ohne daß Rebbe Naphtali etwas erwähnt hätte, was mit *Sukkoth* verbunden war, mit dem Laubhüttenfest, das nur eine Woche lang dauert. Seine Vorliebe für das Fest kann symbolisch verstanden werden. Was ist eine *sukkah?* Ein flüchtiger Ort des Rückzugs, halb Zelt, halb Hütte, eine Seite ständig Wind und Wetter ausgesetzt. Sie ist klein, ärmlich, karg und erinnert an unser Leben in der Wüste, nicht an ein Leben im königlichen Palast in Jerusalem.

Daß Rebbe Naphtali von Sukkoth fast besessen war, gibt uns einen ersten Hinweis zu seinem verborgenen Bild. Nur jemand, der in der Wüste wohnt, sucht mit solcher Intensität ein Zelt, um auszuruhen, um ruhig zu atmen und um zu träumen. Was ist eine *sukkah* anderes als der Tempel von Jerusalem *vor* Jerusalem, die Vision vor der Erfüllung? Nur ein unglücklicher Visionär voller Sehnsucht konnte ein ganzes Jahr hindurch in seiner privaten *sukkah* wohnen.

Aber war der Ropschitzer traurig, war er unglücklich? Er, dessen Fröhlichkeit so legendär war wie die Traurigkeit des Kozkers? Die Leute sahen sein Lachen, aber nicht den Schmerz dahinter. Reb Naphtali gehört zu den Figuren im Chassidismus, die man am meisten mißverstanden hat.

Und genau das wollte er. Er wollte nicht verstanden, nicht bedauert werden – und das war seine Weisheit. Er lachte, um nicht weinen zu müssen, er setzte sich öffentlich in Pose, um seine Angst zu verbergen, so versuchte er zu verstecken, daß er sich selbst, seinen eigenen Kräften und seinen eigenen Worten zu wenig vertraute.

Eines Tages, es war Sabbat, hatten sich seine Anhänger um ihn geschart, und er hielt eine beeindruckende Rede. Alle hörten ihm mit angehaltenem Atem zu. Jeder, der da war, erhob sich mit ihm zu den höchsten Sphären mystischer Meditation. Alles, was er entdeckte, wurde sichtbar: Man konnte die Schöpfung miterleben. Als der Sabbat vorüber war, lief Rebbe Naphtali zu seinem Freund und Lehrer, Reb Mendel von Riminow. „Ich habe Angst", sagte er. „Ich habe Angst, zu gut gesprochen zu haben, ich muß einiges gesagt haben, was ich besser nicht gesagt hätte. Rebbe Mendel bat ihn, seine Rede zu wiederholen, damit er sich selbst ein Urteil bilden könne. Und ich glaube fast, Rebbe Naphtali erfand an Ort und Stelle aus dem Stegreif eine andere Predigt.

War er getröstet? Beruhigt? Wenn überhaupt, dauerte es nie lange, niemals. Schon seit seiner frühesten Jugend hatte er immer zu wenig Selbstvertrauen gehabt. Das ging so weit, daß er jeden, den er traf, um seinen Segen bat, selbst Fremde. Als noch keiner den Juden von Pshyscha kannte, hatte Naphtali ihn schon um seinen Segen gebeten.

Zu seinem Schüler Reb Jehuda-Zwi von Rosdol sagte er: „Eines Tages wirst du Rebbe sein und viele Menschen segnen müssen. Also fang mit mir an!" Als der Schüler sich weigerte, bestand der Rebbe auf seiner Bitte: „Du begehst einen Fehler!" sagte er. „Du mußt wissen, daß mich der große Levi Jizchak von Berditschew einmal um denselben Gefallen bat, als ich so alt war wie du. Auch ich lehnte es ab, und ich bereue es bis auf den heutigen Tag."

Aber hinter dem Ropschitzer, den jeder kannte, gab es noch einen anderen, einen, den niemand sah. Der erste erzählte Geschichten, neckte die Großen und amüsierte sie. Der zweite hatte sich in sein eigenes „inneres Zelt" zurückgezogen, lebte in Schweigen und Schmerz. Er sehnte sich danach, unerreichbare Wahrheiten zu erreichen.

Anders gesagt: Es gab zwei Ropschitzer. Der eine spielte ein Spiel, um den anderen zu verbergen.

Der eine war aktiv, kampflustig, fröhlich, ausgelassen, er sang Loblieder auf die Hoffnung und die Liebe, ganz in der Tradition des Baal Schem Tow. Seine Anwesenheit genügte, um alle Traurigkeit zu vertreiben. Mit einer einzigen lustigen Bemerkung entschärfte er die Niedergeschlagenheit, mit einem Wort brachte er Freude. Ganz egal wie hoch die Kosten waren: die unglücklichen Juden in Galizien, die auf der ganzen Welt nur ihren Rebbe hatten, hatten es so nötig, zu lachen und sich zu freuen, um ihr Leben überhaupt aushalten zu können. So gesehen, erfüllte der Ropschitzer eine lebenswichtige Funktion. Den Kampf gegen die Verzweiflung führte er ganz persönlich, er traute seinen Schülern oder Botschaftern nicht. Überall, wo eine bedrängte Gemeinde in Not war, in der Gefahr, sich der Resignation zu überlassen, kam er allein. Seine Waffen: Singen und Lachen.

An einem Abend von Simchat-Torah kam die Nachricht, daß sein Freund und Schüler Reb Awram von Ulanow gestorben sei. Die Chassidim brachten es nicht übers Herz, weiterzufeiern. Ärgerlich tadelte er sie. „Sind wir nicht mitten im Krieg, im Kampf mit dem Schicksal, mit der ganzen Welt? Was tut man denn an der Front, wenn ein Offizier fällt? Was tut man? Läuft man vielleicht davon? Im Gegenteil, man schließt die Reihen und kämpft noch härter. Deshalb: Schließt die Reihen und tanzt! Tanzt noch lebendiger als je zuvor! Tanzt, wie ihr noch nie getanzt habt!"

Bei einer anderen Gelegenheit bemerkte er: „Ein Chassid ist einer, der einen wertvollen Schlüssel besitzt, einen Schlüssel, der alle Türen öffnen kann, selbst die, die Gott verschlossen hält. Und dieser Schlüssel ist... der *Nigun*, das Lied der Freude, das euer Herz erzittern läßt. Der *Nigun* öffnet die Tore des Himmels, die Melancholie aber verschließt sie."

Dynamisch, ja rastlos nimmt der „sichtbare" Zaddik am chassidischen Leben teil. Er ermutigt, vermittelt, unterhält, überall, wo seine besondere Begabung gebraucht wird. Er besucht alle Höfe, um die rivalisierenden Gruppen einander näherzubringen. Statt die ihn umgebende Gesellschaft, in der er lebt, abzulehnen, arbeitet er von innen an ihr. Er sagte: „Was ist der Unterschied zwischen einem Propheten und einem Zaddik? Der Prophet enthüllt die Zukunft – der Zaddik die Gegenwart. Er hat die schwierigere Aufgabe."

Er selbst meistert sie. Er ist der wandernde Musikant, der armen Kindern ein Lächeln bringt und ihren alten, müden und erschöpften Großeltern die Erinnerung wiedergibt. Im berühmten Streit zwischen Lublin und Pshyscha drängt er auf Mäßigung. Aber er hat keinen Erfolg. Er widersetzt sich – allerdings nicht öffentlich – der messianischen Verschwörung seiner drei Freunde. Er haßt Leid und Krieg, er ist dagegen, Krieg oder Leid für irgendeinen Zweck einzusetzen, und sei der noch so heilig.

Die Verschwörung mißlang. Und alle drei Meister starben innerhalb desselben Jahres. Rebbe Naphtali kam zum Begräbnis des heiligen Sehers von Lublin, gekleidet als Totengräber, die Kleider voller Schmutz, beerdigte er ihn in Lublin und flüsterte: „So sieht einer aus, der seinen Lehrer beerdigt."

In jeder Situation fand er das richtige Wort. Aber hinter den Worten, da waren andere Worte, unhörbare, nicht wahrnehmbare Worte. Und hinter diesen fängt das Schweigen an.

In Rebbe Naphtali – da war das Schweigen.

Eine Geschichte, die er immer wieder gern erzählte, geht so: Der Zar inspizierte seine Truppen an der Front und bemerkt nicht, wie ein feindlicher Soldat sein Gewehr auf ihn richtet. Zu seinem Glück fällt einer der treuen Soldaten dem Pferd des Zaren in die Zügel und verhindert so eine Tragödie. Der Zar fordert seinen Lebensretter dankbar auf: „Nenne mir deinen geheimsten Wunsch und betrachte ihn als erfüllt!" „Majestät", sagte der Soldat, „mein Korporal ist grausam, ich bitte Euch, versetzt ihn zu einer anderen Kompanie!" „Du Narr", rief der Zar,

„warum hast du mich nicht gebeten, dich selbst zum Korporal zu machen!"

Die Tragik des Menschen liegt nicht darin, daß ihm eine Bitte verwehrt wird, sondern in seiner eigenen Unfähigkeit, die richtige Bitte zu kennen. Er hofft zu wenig, richtet seine Augen nicht nach den höchsten Zielen, seine Träume schleppen sich im Staub hin, und seine Worte sind leer. Das ist vielleicht die Entdeckung, die Rebbe Naphtali am Ende seines Lebens gemacht hat.

Bedauerte er seine Vergangenheit? Hätte er lieber einen anderen Weg eingeschlagen? Das mag sein. Er hatte es schon einmal in seiner Jugend versucht, als er die Wahrheit in asketischen Übungen suchte: sich nackt im Schnee zu rollen, besonders lange zu fasten... Er hatte es aufgegeben. Als Chassid mußte er es aufgeben. Nun war es zu spät, noch einmal anzufangen. Der Reisende hatte sein Ziel erreicht, der Sänger hatte nicht mehr das Bedürfnis, vor Publikum aufzutreten. Der Troubadour war müde. Nun tauchte der *andere,* der verborgene Ropschitzer auf und trat in den Vordergrund.

Reb Naphtali zog sich zurück. Er hörte auf, andere zu unterhalten, andere Rebben zu besuchen, ihre Bewunderer zu empfangen. Er zog sich von seinen eigenen Anhängern zurück und kehrte an seinen geliebten, unsichtbaren Lieblingsplatz zurück: in seine *sukkah,* in die stillen eigenen vier Wände. Überraschend und symbolisch hörte er auf zu sprechen.

Monatelang kam kein Wort über seine Lippen. Den Fragen seines Sohnes, Reb Elieser von Dschikow, trotzte er in völligem Schweigen. Anfangs machte er mit Gesten deutlich, daß sein Schweigen auf Erschöpfung zurückzuführen sei und nicht mystisch interpretiert werden sollte. Später hörte er auf, überhaupt etwas zu erklären.

Dann kam sein letzter Tag. Der kranke Vater und sein Sohn waren allein.

„Sprich, Vater", bittet Reb Elieser. „Sag irgend etwas, ein Wort! Ich weiß, du kannst sprechen. Warum tust du es nicht? Warum willst du nicht sprechen? Vater!"

Der alte Meister starrt ihn einen langen, sehr langen Augenblick an und antwortet dann in einem langsamen, brennenden Flüstern: „Ich... habe... Angst. Verstehst du das, Elieser? Ich habe Angst!"

Angst wovor? Vor wem? Wir werden es nie wissen. Aber er wußte es.

Nachwort

Chassid (Plural: *Chassidim*) ist das hebräische Wort für den Frommen. Fromm zu sein ist eine Eigenschaft, die das Judentum an sich von jedem verlangt. Jedoch gab es zu verschiedenen Zeiten in der jüdischen Geschichte Gruppen, die mit der Frömmigkeit besonderen Ernst machten und die sich auch selbst den Namen „Chassidim" beilegten. So werden z.B. schon in der biblischen Zeit „die Frommen" *(chassidim)* in Psalm 149,5 erwähnt, wo, da es sich hier um einen ziemlich „späten" Psalm handelt, diese „Frommen" mit den in 1 Makkabäer 2,42 genannten „Hasidäern" *(= chassidim)* identisch sein können. Auch die späteren Rabbinen wissen von den „Frommen in vormaligen Zeiten", den *Chassidim Harischonim*, zu berichten, denen nachgesagt wurde, daß sie vor dem Gebet „erst eine Stunde zu verweilen pflegten und dann erst beteten, um zuvor ihr Herz auf Gott zu richten" *(Mischnah Berachoth 5,1)*.

Auch im mittelalterlichen Deutschland, besonders in Regensburg und in Worms, gab es im 12. und 13. Jahrhundert eine Gruppe, die *Chassidé Aschkenas* („Die Frommen Deutschlands") hieß und die sich besonders um die Volksfrömmigkeit, die Mystik und die Liturgie verdient machte. Daß, da die Gruppen der Chassidim teilweise ähnliche Ziele verfolgten, auch direkte Beziehungen zwischen den in verschiedenen historischen Epochen wirkenden Chassidim bestanden oder daß unmittelbare Einflüsse im Spiele waren, läßt sich nicht erweisen.

Das gilt auch von jener Gruppe von Chassidim, die im 18. Jahrhundert in Polen und Litauen entstand und die sich stark in Osteuropa verbreitete. Das ist die Gruppe, die der heutige Laie, dem die anderen Chassidim vielleicht ganz unbekannt sind, im Sinn hat, wenn er von den Chassidim und ihrer Lehre, dem Chassidismus, spricht.

Dieser Chassidismus reiht sich an das 17. Jahrhundert an, ein Jahrhundert, das im Westen schon, wie das Beispiel von Benedict Spinoza zeigt, die ersten Ansätze zu einer Symbiose von jüdischer und moderner abendländischer Kultur in Erscheinung treten ließ, das aber für die Juden in Osteuropa unter dem Zeichen schlimmer Verfolgungen und anwachsender Verarmung stand. Dazu gesellte sich in demselben Jahrhundert das Auftreten eines türkischen Juden, namens Sabbatai Zewi, der von sich behauptete, der Messias zu sein, und dem es gelang, die messianischen Hoffnungen der Juden in allen Teilen Europas in die Höhe des Enthusiasmus zu treiben. Er war aber nicht der Messias. Vor die Wahl zwischen Tod und Übertritt zum Islam gestellt, wählte Sabbatai Zewi den Islam. Die Enttäuschung wirkte sich noch lange aus.

So war denn das osteuropäische Judentum am Anfang des 18. Jahrhunderts ein niedergedrücktes, trauerndes, verarmtes und an den Wunden der enttäuschten messianischen Erwartung leidendes Judentum. Es fand seine einzige Zuflucht im Studium der göttlichen Lehre, der Torah, so daß sich in ihm Psalm 119,92 bewährte: „Wäre Deine Torah nicht meine Freude, ich wäre zugrunde gegangen in meinem Elend."

Aber ein ausgiebiges Torahstudium verlangt Muße; und Muße können sich nur diejenigen erlauben, die über die finanziellen Mittel dazu verfügen. Es bildete sich daher, besonders in Litauen, eine Gelehrtenaristokratie unter den Juden, die in der Gelehrsamkeit den einzigen Weg zu Gott sah, die alleingültige Art jüdischer Frömmigkeit. Konnte man diesen Weg und diese Frömmigkeit von den Massen nicht erwarten, so schien auch der Zugang zu Gott diesen Massen verwehrt.

Ein um 1700 geborener, einfacher Mann, Israel, der als Wundertäter bekannt war und daher den Namen *Baal Schem Tow* (d. h. jemand, der mit dem göttlichen Namen Wunder wirkt) erhielt, predigte in dieser tristen Lage eine bereits unbekannt gewordene Lehre: „Dient dem Herrn in Freude!" Nicht auf die Gelehrsamkeit kommt es an, sondern auf die fromme Gesinnung. Religion ist das enthusiastische Sich-Anklammern an Gott und das fürsorgliche Verstehen des Nächsten. Mit dieser Lehre scharte Israel Baal Schem Tow Jünger um sich, die diese neue Botschaft verkündeten. Bald wurde sie von den breiten Volksmassen begierig aufgegriffen – und stieß dabei natürlich auch auf heftigen Widerstand, besonders unter den Gelehrten und den Rabbinern.

Der Chassidismus war die jüdische Reformbewegung des 18. Jahrhunderts, indem er altjüdisches Gut, das durch den politischen Druck und die wirtschaftliche Lage in Vergessenheit geraten war, wieder zu Bewußtsein brachte. Deshalb gelang es ihm auch – und gelingt ihm noch immer –, selbst diejenigen Strömungen im Judentum zu beeinflussen, denen die äußeren Formen und die milieubedingten Handlungen des ursprünglichen Chassidismus art- und wesensfremd sind.

Dabei darf nicht übersehen werden, wie Menschen, die den Chassidismus nur aus Martin Bubers Nacherzählungen kennen, es oft tun, daß sich der Chassidismus gar nicht gegen das herkömmliche Religionsgesetz auflehnte und daß diese Bewegung, wenn auch auf ihre eigene Weise, das Studium der Traditionsliteratur schätzte. Wenn man heutzutage in den Zeitungen liest, daß hier und da im Staate Israel orthodoxe Juden scharf, manchmal auch handgreiflich, gegen die Übertretung der traditionellen Sabbatverbote protestieren, so handelt es sich in den meisten Fällen um Chassidim, die trotz (oder auch wegen?) ihres Chassidismus Eiferer für das Religionsgesetz sind.

Und dennoch kann der Religionshistoriker einige chassidische Abweichungen von der damaligen orthodoxen Sitte und Gewohnheit konstatieren. Das orthodoxe Judentum legt großen Wert darauf, daß die festgesetzten Gebetszeiten streng eingehalten werden. Im Chassidismus dagegen kommt es mehr auf die Besinnung zum Gebet als auf die genaue Gebetszeit an; und wenn man sich zur festgesetzten Zeit noch nicht andächtig genug fühlt, dann wartet man eben mit dem Gebet, bis die notwendige Andacht und Gesinnung einen beseelen. Auch kann im Chassidismus der Genuß von alkoholischen Getränken und der Tanz – in der Synagoge selbst! – sowohl Anlaß zur, als auch Ausdruck der andächtigen Gesinnung sein. Denn Gott soll ja in Freude gedient werden.

Schwerer wiegt allerdings die Rolle, die der Meister in chassidischen Kreisen spielt, verglichen mit der Rolle des Rabbiners im nicht-chassidischen Judentum. Letzterer ist hauptsächlich Lehrer, Exeget und Dezisor in religionsgesetzlichen Fragen. Hat er Charisma, so mag es ihm in seiner pädagogischen und homiletischen Tätigkeit behilflich sein. Aber eine conditio sine qua non ist es nicht. Und erst gar nicht kann der Gedanke aufkommen, daß der Rabbiner etwa ein Vermittler zwischen der Gemeinde und Gott ist, denn das historische Judentum lehrt ja den direkten, unmittelbaren Zugang, den der Mensch zu Gott hat.

Im Chassidismus sieht das ganz anders aus. Der chassidische Meister, obwohl selbst meistens ein ordinierter orthodoxer Rabbiner, wird seines Charismas wegen von der chassidischen Gemeinde gewählt – wenn auch bei der Wahl seine Abstammung keine geringe Rolle spielt, denn es haben sich im Laufe der Zeit verschiedene chassidische „Dynastien" entwickelt. Auch er mag religionsgesetzliche Entscheidungen treffen. Aber er gilt in der Hauptsache als Vermittler zwischen seiner Gemeinde und Gott, und er ist der Ratgeber par excellence, an den man sich in *allen*, und nicht nur in den rein religiösen Fragen des Lebens wendet. Von vielen dieser Meister wurde auch behauptet, daß sie Wundertäter waren. Genannt wird der chassidische Meister „*Zaddik*", das hebräische Wort für „der Gerechte". Er gilt als die lebendige Verkörperung der Torah; und wenn er „Torah sagt", heißt das, daß er, entweder in Anlehnung an heilige Texte oder ganz selbständig und spontan, Geschichten erzählt.

Spielen nun die Persönlichkeit und der individuelle Charakter des einzelnen *Zaddik* die hier erwähnte, große Rolle im Chassidismus, so ist auch verständlich, warum es innerhalb des Chassidismus verschiedene Schulen und Richtungen gibt, die letzten Endes auf die psychologischen Züge ihrer Begründer zurückzuführen sind. In diesem Zusammenhang ist das vorliegende Buch so aufschlußreich. Es hat zudem den Vorzug, von jemand geschrieben zu sein, der den Chassidismus nicht nur aus Büchern kennt, sondern der selbst in ein chassidisches Milieu hineingeboren und in ihm aufgewachsen ist und der die chassidische (und urjüdische) Tradition des Lehrens durch Geschichtenerzählen auf seine eigene begabte Weise einer ganz unchassidischen Welt verständlich machen kann.

Jakob J. Petuchowski

Glossar

Die Ergänzung des Glossars und die Überprüfung der Transkriptionen übernahm Frau Dr. Salcia Landmann.

Der polnische weiche sch-Laut (wie in Genie), der im Polnischen als ź geschrieben wird, wurde für den deutschen Leser als *sh* wiedergegeben. Das scharfe s ist immer, auch am Wortanfang, mit Doppel-*ss* wiedergegeben, außer bei Wörtern, die sich mit einfachem *s* eingebürgert haben wie Simchat-Torah.

Amidah: (Wörtlich: „Stehen"), auch bekannt als Schemoneh Essre (wörtl.: „die achtzehn"). Pflichtgebet, das aus mehreren Segenssprüchen besteht. Es wird im Stehen während jedes Gottesdienstes gebetet.

Baal Schem: (Wörtl.: „Meister des Namens"). Ein Titel, der seit dem Mittelalter demjenigen verliehen wird, der den wahren Namen für die Lebewesen und Dinge kennt, der ihr Geheimnis erkennt und mit ihnen vertraut ist, der auf sie und durch sie handeln kann – und der vor allem den wahren geheimen Namen Gottes kennt. Indem der Baal Schem die Mächte beim Namen ruft, beherrscht er sie auch, hat er sie in seiner Gewalt. Sein Wissen ist seine Macht. Würde er diese Macht nur einsetzen, um unmittelbare profane Ziele zu erreichen, wäre er nichts anderes als ein Zauberer. Aber wenn er all die Namen dem Einen Namen näherzubringen versucht, wenn sein Ziel ist, alle Lebewesen und Dinge mit Gott zu vereinen, dann wird er zum Meister des guten Namens, zum Baal Schem Tow.

Badchan: Spaßmacher. Bei Hochzeiten trat bei den Ostjuden der bezahlte Badchan oder Marschalik auf, der die Hochzeitsgäste mit teils traurigen, geschichtsphilosophischen und teils sehr lustigen Versen unterhielt. Die meisten Badchnim dichteten nur ad hoc. Einer aber, Eliakum Zunser, hat seine Verse aufgeschrieben. Sie haben sich erhalten.

Beadle: Entspricht in der Synagoge dem Küster einer Kirche. Jiddisch: Schammes.

Beit Midrasch: (Wörtl.: „Haus des Lernens"). Um nie eine Meditation oder Diskussion über das Wort Gottes unterbrechen zu müssen, blieben die rabbinischen Gelehrten lieber im Beit Midrasch, statt in das Beit Knesseth, das Versammlungshaus (Synagoge), zu gehen. Beide „Häuser" verschmolzen deshalb oft zu einem Gebäude, zumindest waren sie benachbart, so daß die Gottesdienste ins Studium übergehen oder das Studium im Gebet gipfeln konnte.

Der Bescht: Akronym von *B*aal *Sch*em *T*ow. Bei den Chassidim ist damit immer Rabbi Israel ben Elieser (1700–1760), Gründer der chassidischen Bewegung, gemeint.

Chabad: Akronym aus *C*hochma, *B*ina, *D*aat: Weisheit, Verstand, Glaube. Name der Lubawitscher chassidischen Fraktion.

Challah: Zopf aus Weißbrot, der am Sabbat gegessen wird.

Chassid: (Wörtl.: „fromm"). Einer, der aus liebevoller Zärtlichkeit handelt. Abgeleitet von Chessed, Gnade, eine der Eigenschaften Gottes, die seine din, seine strenge Gerechtigkeit, ergänzt. (Vgl. das Nachwort von Jakob J. Petuchowski.)

Cheder: (Wörtl.: „Zimmer"). Gemeint ist damit im Jiddischen immer eine Religions-Grundschule für kleine Knaben, ein Schultyp, der in Osteuropa weit verbreitet war und sich oft in einem einzigen Raum des Lehrerhauses befand (vgl. Melamed).

Chewlej-Meschiach: Messiaswehen. Talmudische Vorstellung, wonach dem Kommen des Messias fürchterliche Zeiten des Leides und der Verderbnis vorangehen werden. Diese Vorstellung gab den Juden im Exil oft die Kraft, das Martyrium durchzustehen: Es war für sie der Auftakt der baldigen Welterlösung.

Dibbuk-Chawerim: Von dabbek = anhaften. – Kier: Kameraden (= Chawerim), die bedingungslos zusammenhalten.

Dwejkut: Vom Stamme dabbek, anhaften. Innere Sammlung, Ausrichtung auf Gott, Ekstase.

Eser kenegdo: (Wörtl.: „Hilfe *gegen* ihn"). Steht wörtlich so in der Schöpfungsgeschichte. Gott schafft Eva als „Hilfe *gegen* Adam". Die Gelehrten streiten sich, ob hier bereits im Schöpfungsbericht ironisch die Antigonie zwischen Mann und Weib angedeutet ist. In jedem Fall hat diese Stelle zu zahllosen, teils scherzhaften Kommentaren in diesem Sinne den Anstoß gegeben.

Gabaj, Pl. Gaboim: Synagogenaufseher; im chassidischen Bereich Haushofmeister und Sekretär des Wunderrabbi.

Gog und Magog: Die Widersacher des Messias. Im großen eschatologischen Kampf gegen die gerechten Heerscharen werden sie die Kräfte des Bösen anführen. In der rabbinischen Literatur: das rebellische Volk, das sich gegen Gott und seinen Gesalbten auflehnt.

Jezer-Rah: Der böse Trieb, in mystischem – und also auch chassidischem – Umkreis oft auch personifiziert als böser Dämon.

Königin Sabbat: Der Sabbat wird als Braut und als Königin begrüßt. Der Ausgang des Sabbats wird durch ein festliches Mahl betont: *Melawe Malkah:* „Begleitung der Königin".

„Lernen": Im Jiddischen steht für: studieren, sich vertiefen immer nur „lernen". Man „lernt also den Talmud" etc.

Maariw-Gebet: Abendgebet, auch „arewit" genannt. Es

wird täglich nach Einbruch der Dunkelheit gebetet und heißt so nach den ersten Gebetsworten.

Maggid: (Wörtlich: „Sprecher, Prediger"), feste ostjüdische Bezeichnung für den Wanderprediger, der zumindest für die Frauen und für religiös weniger gebildete Männer notwendig war. Seit dem 17. Jahrhundert predigen die Rabbiner nur noch zweimal im Jahr, während des restlichen Jahres war das Predigen dem Maggid überlassen. Wanderprediger waren es dann auch, die den Chassidismus im 18. Jahrhundert verbreiteten.

Maggid von Mesritsch: Einige berühmte chassidische Zaddikim trugen den Zunamen „Maggid", auch wenn sie längst nicht mehr Wanderprediger, sondern ansässig geworden waren.

Maskilim: Singular Maskil. „Aufklärer", Rationalist.

Mazze: Mazza, hebr. Flachbrot. Gemeint ist immer das ungesäuerte Osterbrot der Juden, das flach gebacken werden muß, weil es ganz ohne Triebmittel (Sauerteig, Hefe etc.) erstellt werden muß und sonst unzerkaubar wäre. Die Juden essen es zur Erinnerung an den Auszug aus Ägypten, der so überstürzt vor sich ging, daß die Zeit zum Treiben des Brotteigs vorher nicht mehr ausreichte. Es ist übrigens dasselbe nahöstliche Wort wie im Griechischen „massa" (= Masse).

Melamed: Lehrer, der einen einklassigen cheder leitet und den Knaben die Grundkenntnisse der hebräischen Sprache direkt aus dem Bibeltext vermittelt.

Midrasch: (Wörtl.: Lehre, Kommentar). Titel vieler Sammelwerke aus der talmudischen und späteren rabbinischen Periode. Auch im Sinne eines Einzelkommentars, einer Erklärung zu einer Bibelstelle gebräuchlich. – *Beth-Midrasch:* Lehrhaus.

Mikwe: (Wörtl.: „Ansammlung"). Gemeint: von Wasser im rituellen Tauchbad, das sowohl der Mann wie die

Frau bei häufigen, wenn auch verschiedenen Anlässen aufsuchen müssen (die Frauen z.B. nach der Menstruation). Es muß immer aus fließendem Wasser bestehen.

Mincha: Das zweite der Gebete, die täglich gebetet werden müssen. Es wird im Laufe des Nachmittags vor Sonnenuntergang aufgesagt und entspricht dem täglichen „Abendopfer" im Tempel.

Mischnah: (Wörtl.: „Wiederholung"). Erster Teil des Talmud, in Palästina um 200 unserer Zeitrechnung zusammengetragen.

Mitnagdim: (Wörtl.: „Gegner"). Sie bekämpften die neue chassidische Sekte im 18. und 19. Jahrhundert und verurteilten sie als revolutionär, gefährlich und häretisch.

Pikuach-nefesch: Lebensrettung. Fester Terminus vor allem im religiösen Zusammenhang: Lebensgefahr – eigene sowohl wie die eines andern Menschen oder auch eines Tieres in Not – hebt nach Bibel- und Talmudgesetz jedes Zeremonialgesetz auf, also auch das der Sabbatruhe.

Rabbi, Raw, Rebbe, Reb' etc.: Von raw: groß, mächtig, erhaben. Raw war schon früh als Anrede gelehrter oder verehrter Männer üblich. Rabbi = mein Lehrer oder Meister. So wurde auch Jesus angeredet. Jiddisch wird Rabbi als „Rebbe" ausgesprochen und nicht mehr im Sinne von *„mein* Rabbi", sondern generell als „raw" verstanden, daher *„der* Rebbe". Vor Eigennamen abgekürzt zu *Reb'*. – Die Bedeutung hat sich im Jiddischen ausgeweitet und abgeschliffen. Es ist Anrede des Rabbiners oder auch einfach eines respektierten Bürgers. Die Kinder nennen auch den *Melamed* „Rebbe". Als Rebbe wird auch der chassidische Wunderrabbi angesprochen. Wenn seine Anhänger von ihm sprechen, nennen sie ihn aber oft auch Zaddik oder „guter Jid". – Neben dem von der jüdischen Gemeinde gewählten Rabbiner gab es noch den von der Regierung eingesetzten „Kronrabbiner", der die amtlichen Einwohnerkontroll-Register zu führen hatte. Ihn nennt der Ostjude immer nur „Raw" und nie „Rebbe".

Rebbezin: Frau des Rebbe; siehe Rabbi.

Rosch-Haschana: (Wörtl.: „Kopf" = Anfang des Jahres). Fällt im jüdischen Festkalender auf den Herbst und wird mit vielen Gebeten begangen.

Sabbat: Der wöchentliche Ruhetag, den man vom Sonnenuntergang am Freitag bis zum Einbruch der Nacht am Samstag feiert.

Schawuoth: Ein Fest im späten Frühjahr. Es erinnert daran, daß uns die Torah am Sinai geschenkt wurde.

Schechina: (Wörtl.: „Einwohnung"). Gemeint ist die göttliche Gegenwart. Die Tradition behauptet, daß der strahlende Glanz der Schechina mit ihren vielen Wohltaten diejenigen begleitet, die fromm und rechtschaffen sind. In der chassidischen Tradition taucht die Schechina manchmal in der Abenddämmerung in Gestalt einer trauernden verschleierten Frau am Dorfrand auf. Sie begleitet das Volk Israel ins Exil und weint über das Exil.

Schochet: Ein geschulter Schlachter, der die rituelle Schlachtung vollzieht, die nötig ist, um koscheres Fleisch zu erhalten.

Schtibel: Stübchen, Betstube. Zum täglichen Morgengebet trafen sich die Juden nicht in der großen Synagoge, sondern in kleinen intimen Beträumen. Meist war dem Schtibel ein Studierraum angefügt mit einer umfassenden rabbinischen Bibliothek: Talmud und nachtalmudisches hebräisches und aramäisches religiöses Schrifttum.

Schulchan Aruch: Ein Handbuch des jüdischen Gesetzes. Im 16. Jh. von Joseph Caro zusammengestellt.

Simchat-Torah: Gesetzesfest im Herbst. Jeden Sabbat wird ein Ausschnitt aus den 5 Büchern Mosis im Bethaus vorgelesen. Am letzten Tag vor Sukkoth wird das Ende des jährlichen Lesezyklus gefeiert.

Sohar: (Wörtl.: „Glanz"). Hauptwerk der Kabbala. Esoterischer Kommentar zum Pentateuch aus dem 13. Jahrhundert. Die mystischen Reflexionen und Ausführungen der Kabbala sind kompliziert und schwer verständlich, die mystisch-magischen Praktiken der Kabbalisten beruhten auf harter Selbstkasteiung, weshalb die Chassidim, trotz gemeinsamer mystischer Grundhaltung, die Kabbala nur selten selber studierten und zum Teil auch ablehnten.

ssalachti kidwarecha: wörtl.: Ich habe nach deinen Worten (= deinem Wunsch) verziehen. So spricht Gott zu Moses auf dessen Bitte hin, dem Volke Israel noch einmal zu vergeben.

Sukkah, Plural Sukkoth: Eine provisorische hölzerne Hütte, deren Dach aus Zweigen besteht. Dort nimmt man während Sukkoth die Mahlzeiten ein.

Sukkoth, Einzahl Sukkah: Laubhütte. Mehrzahl = Laubhüttenfest. Wird im Herbst zur Erntezeit gefeiert und geht vermutlich auf eine alte heidnisch-kanaanitische Sitte zurück, während der Ernte gleich in der Nähe der Felder und Weinberge in leichten provisorischen Laubhütten zu übernachten.

Talmud: Etwa: Jüdische Scholastik. Ein umfassendes Werk der nachbiblischen Zeit, das gegen 500 n. Chr. kodifiziert wurde. Es enthält Bibelkommentare, religiöse und weltliche Gesetze, Legenden, Parabeln, Weisheitssprüche, Profanwissenschaft (Medizinisches, Astronomisches etc.). Das Familienrecht des frommen

Juden und das Eherecht Israels sind heute noch rein talmudisch ausgerichtet.

Tephillin: Gebetsriemen. Zwei Lederkapseln, die während des Morgengebetes mit Lederriemen an der Stirn und am linken Arm befestigt werden.

Tikun: (Wörtl.: „Verbesserung"). – Hier: Läuterung.

Uschpisin-Gebet: Ein Gebet, mit welchem während des Sukkothfestes der Reihe nach alle Bibel-Patriarchen eingeladen werden, einzutreten und am Fest teilzunehmen.

Torah: (Wörtl.: „Lehre"). Kann sich auf den Pentateuch, die ganze Heilige Schrift oder die gesamte Offenbarung, sowohl die schriftliche wie die mündliche Offenbarung beziehen, kann aber auch generell religiöses Schrifttum, auch einfach Weisheit, Bildung bedeuten.

Torah-Rolle: Große Pergamentrolle, auf der die 5 Bücher Mosis von Hand niedergeschrieben sind und die mit einem goldgestickten Samtmäntelchen und einer liebevoll gearbeiteten kleinen Gold- oder Silberkrone verziert ist. Sie wird im Torah-Schrein in der Synagoge aufbewahrt, und aus ihr wird jeden Sabbat ein bestimmter Abschnitt vorgelesen. Im Herbst, am Fest der *Simchat-Torah* (Torah-Freude), endet der Jahreszyklus. Der Zyklus-Anfang wird mit Torah-Umzügen und einem Imbiß in der Synagoge und Gesängen gefeiert.

Zaddik: Gerechter. Ideal sittlicher, sozialer und religiöser Vollkommenheit. Er ist ein Mann, der „durch seinen Glauben lebt" und dem Gott antwortet. Im Chassidismus wurde er bald zur Institution. Nicht immer freilich war er den Versuchungen gewachsen, die mit seiner Stellung verbunden waren. Das konnte so weit gehen, daß er beanspruchte, Mittler zwischen Gott und seinen Schülern zu sein, sich mit einem regelrechten Hofstaat umgab und Dynastien gründete.

Synchronologie

		In der jüdischen Welt
	1720	1720 In Lowicz (Polen) beschließt der Klerus, den Bau neuer und die Restaurierung alter Synagogen zu verbieten. 1727 Die ersten Juden werden in den amerikanischen Kolonien eingebürgert.
Pinchas von Koretz (1728–1791)	1730	1730 Gründung der ersten Synagoge in New York. 1738 Öffentliche Hinrichtung von Joseph Süßkind Oppenheimer („Jud Süß")
Der Seher von Lublin (1745–1815)	1740	1745 Kaiserin Maria Theresia läßt die Juden aus Böhmen und Prag vertreiben.
Baruch von Międžyborž (1757–1811)	1750	In Deutschland werden harte anti-jüdische Gesetze verabschiedet, die Zahl der Eheschließungen werden beschränkt, die Steuern erhöht. 1753 Das englische Parlament lehnt eine Gesetzesvorlage ab, die vorsah, den Juden einige bürgerliche Rechte zuzugestehen. Bedeutender Prozeß, in dem die polnischen Juden des Ritualmordes angeklagt sind. Mehr als zwanzig solcher Prozesse fanden zwischen 1700 und 1760 statt.
Naphtali von Ropschitz (1760–1827)	1760	1763 Der fünfundzwanzigjährige Philosoph Moses Mendelssohn erhält den ersten Preis der Preußischen Akademie der Wissenschaften für seine Abhandlung über ein Problem der Metaphysik. 1764 Der „Vierländer-Rat" wird aufgelöst. Die polnischen Juden verlieren damit ihre letzte zentrale Körperschaft.

In der „Großen Welt"	In der kulturellen Welt
1725 Tod des russischen Zaren Peter I. (der Große).	1722 Graf von Zinzendorf gründet pietistische Herrnhuter Brüdergemeine. 1728 J. S. Bach: Matthäuspassion.
1733–1735 Polnischer Erbfolgekrieg.	1731 Der Erzbischof von Salzburg vertreibt 26000 Protestanten, die in Preußen angesiedelt werden.
1740–1748 Österreichischer Erbfolgekrieg.	1742 Händel: Messias. 1748 Montesquieu: L'esprit des lois.
1756–1763 Siebenjähriger Krieg, Rußland, Österreich, Frankreich gegen Preußen und England. 1759 Öffentl. Diskussion zwischen frankistischen Renegaten und berühmten Rabbinern.	1751 Diderots Enzyklopädie beginnt zu erscheinen. 1758 Gründung der Petersburger Akademie der schönen Künste. 1759 Gründung des British Museum. Haydns erste Symphonie wird aufgeführt. Voltaire: Candide
1760 Beginn der Industriellen Revolution in England. 1762–1796 Katharina II. (die Große) von Rußland. Im Namen der Aufklärung fördert sie Kunst, Erziehung und Wissenschaft und leitet politische und soziale Reformen ein, aber sie unternimmt nichts, um die Leibeigenschaft abzuschaffen. 1764–1795 Stanislaw II. (Poniatowski). Der letzte König Polens. Das Land wird von Rußland, Österreich und Polen zerstückelt. Weil er das Land verloren hatte, das er regiert hatte, trat er 1795 zurück.	1762 Rousseau: Le Contrat social. 1768 Friedrich Schleiermacher geboren.

		In der jüdischen Welt
	1770	1772 Die Mitnagdim versammeln sich in Wilna und exkommunizieren die „Neue Sekte", den Chassidismus. 1779 Lessing veröffentlicht seine Apologie des Judentums: Nathan der Weise.
	1780	1781 Die erste jüdische Freie Schule wird in Berlin eröffnet. Dies Ereignis bezeichnet den Durchbruch der jüdischen Aufklärung. 1784 Beginn der Veröffentlichung von Hameassef (Der Sammler) in Berlin, gewidmet dem rationalen Judentum.
	1810	1812 Napoleons Einmarsch in Rußland begünstigt die Emanzipation der russischen Juden.
	1815	1815 Pius VII. führt die Inquisition wieder ein. Die Verfassung Polens wird endgültig formuliert, sieht aber keinerlei staatsbürgerliche Rechte für Juden vor. 1819 Anfänge der „Wissenschaft des Judentums" in Deutschland.
	1820	1824 Massenhinrichtungen von Juden in Rußland.

In der „Großen Welt"	In der kulturellen Welt
1772 Erste polnische Teilung. 1775–1783 Amerikanischer Unabhängigkeitskrieg. 1778–1779 Bayrischer Erbfolgekrieg.	1771 Cook entdeckt Ostaustralien. 1774 Goethe: Werther.
1789–1799 Französische Revolution. 1793 Zweite polnische Teilung. 1793–1794 Schreckensherrschaft. Robespierre liquidiert die Opposition. Marie-Antoinette hingerichtet. 1794 Volksaufstand in Polen, angeführt von Thaddeus Kosciusko, russische und preußische Heere schlagen ihn nieder. 1795 Dritte polnische Teilung. Rußland, Preußen und Österreich verteilen die letzten Partien unter sich auf. 1799 Napoleon und seine Armee erreichen das Heilige Land. 1805 Schlacht bei Austerlitz: Napoleon besiegt Österreich und Rußland.	1781 Kant: Kritik der reinen Vernunft. 1785 Mozart: Figaros Hochzeit. 1790 Goya: Caprichos, eine soziale Satire. Goethe: Faust. 1791 Herder: Ideen zur Philosophie der Geschichte der Menschheit. 1799 Schiller siedelt nach Weimar um. 1800 Schiller: Maria Stuart. 1804 „Code civil" als Napoleonisches Gesetzbuch in Frankreichs Machtbereich eingeführt. 1807 Byron veröffentlicht seine ersten Gedichte, Fichte seine Reden an die deutsche Nation, Hegel seine Phänomenologie des Geistes.
1812 Napoleon marschiert in Rußland ein. 1813 Völkerschlacht von Leipzig, Sieg über Napoleon, der ins Exil gehen muß. 1814/15 Wiener Kongreß.	
1815 Alle europäischen Herrscher außer dem englischen König, dem Papst und dem Sultan unterzeichnen die Heilige Allianz.	1816 Klenze baut Glyptothek in München. 1817 Friedrich Wilhelm III. verkündigt „Union" der Lutheraner und Reformierten in Preußen. 1819 Theodor Fontane geboren.
1825–1855 Die Regierungszeit Nikolaus' I. von Rußland ist durch Unterdrückung liberaler Srömungen gekennzeichnet.	1820 Keats veröffentlicht seine Oden, Shelly seinen Prometheus Unbound. 1827 Heine: Buch der Lieder.

„Eine Entdeckung von eigenem literarischem Rang und von geistlicher Tiefe bieten die ‚Rabbinischen Geschichten' von Jakob Petuchowski, einem der renommiertesten Forscher und Theologen der Gegenwart.
(Deutsche Tagespost).
„Jedes einzelne dieser Stücke kann als unmittelbar für sich geltender Zuruf verstanden werden, als Text, der die hinter ihm stehende Wirklichkeit zugleich verschlüsselt und ‚entschlüsselt'" (Friedrich Weigend in: Stuttgarter Zeitung).

4. Auflage
144 Seiten, gebunden
ISBN 3-451-18492-3

„Daß die Entdeckung der jüdischen Tradition nicht nur eine Bereicherung des eigenen Selbstverständnisses ist, sondern auch Vergnügen machen kann, das beweist Jakob J. Petuchowski, einer der besten Kenner der weitverzweigten rabbinischen Literatur – und ein Mann von ästhetischer Spracheleganz und Humor dazu. Die Geschichten bieten ein Spektrum geistreicher Einblicke in eine Erfahrungswelt, die frisch und anschaulich geblieben ist wie am ersten Tag.
(Christ und Welt / Rheinischer Merkur).

128 Seiten, gebunden
ISBN 3-451-18985-2

Verlag Herder Freiburg · Basel · Wien